天下麒麟榜

那些年的那些謀士們

《大秦・兩漢・三國篇》

前言

日本前首相吉田茂在《激盪的百年史》一書中曾說，中華民族「是東方最優秀的民族」。中華民族之所以優秀，不僅僅在於她勤勞、勇敢，而且在於她的智慧。這種智慧在歷代謀士身上得到了典型的體現。

這裡所說的謀士，不是指會耍點小聰明的人，而是指為上司出謀劃策、能謀善斷，成就了一番大事業的謀略家。本書所選取的都是歷代謀士中有代表性的人物。書中所述事蹟都有史實根據，沒有無中生有的編造。為了便於廣大讀者閱讀，本書一改學術論文式的寫作形式，力求通俗易懂，行文生動形象，不大段引用艱澀的古文，而在使用時譯為白話。書中儘可能少加注釋或不加注釋，對所據主要文獻在文後一併列出。

每篇都以時間為經，以人物事蹟為緯，既簡要交代出人物生活的大背景，又儘量突出謀士個人的活動。尤其是對於能影響事件進程的主要謀略多著筆墨，力求寫出其謀略的主要影響和特徵。

在一個競爭激烈的時代，謀略比知識顯得更重要。謀略和知識是有區別的：知識是對已經存在的事物的瞭解，謀略則是對尚未發生的事件的預測和判斷；講知識是為了求知，講謀略是為了致用。謀略是對知識的綜合運用，但又不完全受知識的制約，而更主要的是謀士個人的敏銳和隨機應變。從書中可以看出，有的謀士並不是學富五車的飽學之士，但卻往往能料事如神，出奇制勝。

中國自古以來就十分重視謀略，視謀略為國家興亡、事業成敗的關鍵。《孫子兵法》實際上就是講謀略的軍事教科書。書中提到：「上兵伐謀，其次伐交，其次伐兵。」這裡所說的「上兵伐謀」，就是要達到「不戰而屈人之兵」的目的，自然是「善之善者也」。有一句流行的俗語說：「狹路相逢勇者勝，勢均力敵謀者成。」這都強調了謀略的重要。

謀略與通常的道德觀念是格格不入的。道德觀念溫情脈脈，而謀略則顯得嚴酷和冷峻。這是因為，謀略面對的是敵對營壘，而不是親朋好友，所以總是「策劃於密室」，唯恐讓外人知道。從這個意義上來說，就是「陰謀」。洩謀歷來為兵家之大忌。但是，這裡所說的謀略，要比一般陰險小人的陰謀詭計高明和博大，而且面對的主要是敵對營壘，故能為大家所接受和欣賞，視之為制勝的必要手段。

中國歷史上存在著發達的謀略文化。它是中國大文化的一部分，文化蘊含十分深厚。看一下春秋戰國時期的歷史舞台就不難發現，活躍於舞台上的主要就是一些謀士。他們四處遊說，兜售自己富國強兵、克敵制勝的謀略，希求一用。當他們不能被任用時，就顯得悽悽惶惶、就苦惱、就「孤憤」。中國的謀略文化與西方的宗教文化不同，強調的是人事，是「治國安邦平天下」，強國富民。正因如此，一些謀略家對推動中國歷史的發展起到有益的作用。

謀士們都有幾個共同的特點。一是功利性，或稱之為實用性。他們設謀都是以利害為出發點，目標是奪取勝利。為了實現這種目標，他們對天、地、人及各種事物的考察都帶有功利化的色彩。二是競爭性。謀士最活躍的時期就是競爭最激烈的時期。為了進取，為了克敵制勝，謀士的謀略就閃爍起耀眼的光彩。三是靈活性，或稱之為隨機性。對於謀士來說，任何理論和經驗都只具有相對的、有限的意義。他們更主要的是依靠對形勢的瞭解和直覺，在錯綜複雜和瞬息萬變的情況下獻計獻策，以出奇制勝。四是保密性。謀士們都是密謀策劃，洩密就意味著失敗。

由於謀士個人接受的教育和信仰不同，其謀略也表現出不同的特色。例如，儒家以攻心為上，實際上就是將道德功利化。法家則較為嚴苛和冷酷，像吳起為了贏得魯國信任而「殺妻求將」，這在儒家士人中就難以找到。道家更講究以靜制動，以柔克剛。魏晉時期崇尚黃老，王導和謝安都持之以靜，緩和了南北士族和新舊士族之間的矛盾，使東晉政權獲得百餘年的安寧。信奉佛道學說的謀士不貪圖祿位，像李泌、劉秉忠和明代的姚廣孝，他們平時以皇帝的賓友自居，事急則前來獻謀，事成則遊於名山或退居寺觀，官位如同虛授。縱橫家的謀略則主要表現在遊說和辯難上，例如張儀、蘇秦即是其典型代表。

歷代謀士所表現出來的謀略和智慧，對中國社會產生了極其深刻的影響，成為中國人民文化生活的重要內容。不要說一般讀書人對他們的事蹟知之甚詳，即使目不識丁的鄉間老農，也能神采飛揚地說上幾段出奇制勝的智謀。像「明修棧道，暗度陳倉」、「聲東擊西」、「知彼知己，百戰不殆」等俗語，更是婦孺皆知。

今天，全國上下都在為實現現代化而奮鬥，市場經濟中所表現出來的競爭性越來越激烈，人們越來越了解到知識和人才的重要。歷代謀士為我們提供了巨大的智慧寶庫，人們至今仍可以從中得到有益的啟發和借鑑。我們同時希望，對於尊重知識、尊重人才社會風氣的形成，本書能起到某些積極的推動作用。

謀略可以治國安邦，但為心術不正者所利用也會禍國殃民。就謀士本人來看，也有缺點，也有失算的時候。有的謀士在功成名就之後變得昏昏然，結果自身不保，即是明證。如果一個人過分地倚重計謀，就會變得詭詐和自私，不利於維護社會正義和公平。謀略文化像其他的古代文化一樣，也存在著精華和糟粕。因此，今天我們在吸收其精華的同時，也應剔除其糟粕部分。正是出於這種考慮，書中所選都是對歷史進步或多或少有所貢獻的人物，而對那些雖有計謀但屬於奸邪之徒的人物則不予收錄。

本書收錄範圍上起先秦，下至近代，現代人物未收。在收錄時既考慮到人物的代表性，又考慮到時代性，即每一個大的朝代都有人入選。細心的讀者或許可以看出，受時代的影響，不同時代的謀士也表現出了不同的特色。

由於篇幅所限，有些頗為出名的謀士也沒有選入。有的謀士雖然很出名，但因事蹟太少，難以成篇，也未入選。對於書中入選的謀士，書中的分析和評述也難保十分準確和恰當。對此，尚祈讀者指正。

書稿成於多人之手，雖經主編反覆修訂，但行文風格仍不盡一致，請讀者見諒。本書最初由山東人民出版社於一九九七年出版，今經修訂，得以在遼寧人民出版社再版，我感到十分高興。

其間，梁由之先生極力推薦，話語中充滿著對文化事業的執著和虔誠，令人感動。遼寧人民出版社的艾明秋女士精心籌劃，為本書的出版付出了大量的心血，謹在此一併致以誠摯的謝意。

晁中辰

目錄

輔佐始皇天下一統　阿順苟合身被五刑

李斯傳

王振富

李斯（西元前？年～西元前二〇八年）是秦朝重臣，兩朝元老，幾與秦王朝的興亡相始終。他既是興秦的元勛，也是亡秦的罪臣，這就形成了他獨特的風貌。他一方面通過不遺餘力的政治實踐，輔佐秦始皇兼併六國，為建立和鞏固統一的封建國家縱橫捭闔，功勛蓋世；另一方面，他毫不掩飾對功名利祿的追求，為維護榮華富貴而不惜向惡勢力屈膝，終於身敗名裂，又充分暴露了他醜陋和自私的一面。因此，他對秦王朝的短命負有不可推卸的責任。李斯是一個謀略出眾且又複雜多變的人物。他的一生，既有積極進取的一面，也為後人昭示了身敗名裂的深刻教訓。

一、奮發進取求功名

戰國時期，歷史正處於一場社會大變革之際。自春秋以來，人民群眾飽受分裂戰亂之苦。隨著社會經濟的發展，他們要求儘快結束列國紛爭的局面，實現國家統一。各國統治階級出於對土地、人口、財寶無止境的追求，互相兼併，你爭我奪。這種紛亂的時局，為那些欲建功業之士提供了活動舞台。就在七雄並爭的戰國末期，李斯出生於楚國上蔡（今河南上蔡縣西南）的一個平民家庭。

李斯年輕時曾做過郡中小吏，即管理鄉文書的辦事員。小吏的地位低下，侍奉長官，唯恐有所閃失，滿懷理想與抱負的李斯自然不甘久居其位。有一天，他看到官舍廁所中的老鼠偷吃糞便，一旦人來狗咬，立刻驚恐萬分，倉皇逃竄。他又來到官倉中，看到這裡的老鼠很自在地吃著糧食，住著高大寬敞的庫房，盡情享受，公然出入，根本不害怕人來，也不用擔心有狗來咬。兩相對照，給他留下了很深的印象。李斯由此及彼，發出了這樣的感慨：「老鼠處於不同環境，就有不同的遭遇！人有君子小人之別，就像老鼠一樣，在於自己選擇所處的環境和地位！」這就是說，一個人要想在社會上出人頭地，就應該像在官倉裡偷吃糧食的老鼠，這樣才能為所欲為，盡情享受。可以看出，在戰國時期人人爭名逐利的情況下，李斯也不滿於布衣或小吏的處境。他決心拋開貧賤，去做一番轟轟烈烈的事業。在李斯眼裡，人生最大的榮耀莫過於取得高貴的身份，最大的快樂莫過於享受榮華富貴。在李斯的胸中，雄心與野心混合在一起，化為一團追求功名富貴的熊熊燃燒的慾望之火。

「學而優則仕」，李斯很懂得這句話的含義，當官的資本就是要通曉治理國家的帝王之術。李斯為了改變生活航向，也不得不走當時遊學之士通常的道路，即先投師受教。因此，李斯辭去了郡小吏的職務，遠離家鄉，來到千里之外的齊國蘭陵（今山東蒼山縣蘭陵鎮）求學，拜當時最著名的思想家、儒學大師荀況為師。荀況，史稱荀卿或孫卿，人尊之為荀子。他是戰國晚期新興地主階級的理論代言人，打著孔子的旗號講學。荀況的學說雖然仍以孔子為宗，但又結合戰國時期變化了的形勢，對儒學進行了發揮和改造，因而很適應新興地主階級統一天下的形勢需要。從荀子思想體系的核心來看，他把儒學的「禮治」思想和法家的「法治」思想結合在一起，即後人所說的「儒中有法」。李斯投師荀況門下，主要著眼於學習所謂「帝王之術」，即學習如何治理國家，如何滿足君主的擴張慾望和急功近利的「法治」學說。當時與李斯同學的還有韓非。他們都拋棄了老師的儒家仁義道德，而吸收他那符合法家理論的「帝王之術」。後來，韓非終於成為法家理論的集大成者，而李斯則化理論為實踐，成為真正實現法家理想的政治家。李斯學成之後，反覆思考應該到哪個地方才能顯露才幹。他想效力於自己的國家楚國，又眼看著楚國江河日下，楚王已難有作為。其他東方各國也正在走下坡路，都不是能讓人建功立業的理想之地。只有秦最強盛，顯得朝氣蓬勃，具備了統一中國的初步條件。於是，李斯決定西入秦國，一試身手。臨行之前，荀卿曾問李斯為什麼要到秦國去。李斯坦率地表露了自己的心態：「我聽人說，機不可失，時不再來。現在各國都在爭雄，這正是遊說之士立功成名的好機會。秦王羽翼豐滿，雄心勃勃，想奮力一統天下，到那裡可以放手去做。人生在世，卑賤是最大的恥辱，窮困是莫大的悲哀。一個人總處於卑賤窮困的地位，那是會令人譏笑的。處士橫議而又說自己羞於富貴，如此『無為』，只是掩飾自己無能的表現，這是不合人之常情的，更不是讀書人的想法。我將到秦王那裡以取富貴。」李斯公然摒棄禮義，毫不虛偽，追求功利，這正是他的品性。這種強烈而褊狹的功利觀伴其一生，成為催他奮進的動力。但又是這種赤裸裸的功利主義，往往在關鍵時刻模糊了他的視野，使他不能冷靜地思考和理智地選擇，最終釀成不可挽回的個人悲劇。

秦莊襄王三年（西元前二四七年）五月，李斯來到秦國時，正值莊襄王病死，十三歲的嬴政（秦始皇）即位，相國呂不韋總攬朝政。因此，李斯就去投靠呂不韋，成為呂門「舍人」，也就是門下的食客。當時，諸侯貴族養士之風甚盛，呂不韋也承襲秦國傳統的用人政策，廣招賓客，從東方六國引進各種人才，門下食客多達三千人，在這三千人中，李斯很快顯露出才華，成為其中的佼佼者，受到呂不韋的賞識。於是，呂不韋把他推薦到秦王宮廷裡，擔任郎官，郎官雖然品級低微，職責是守護宮門，侍衛人君，顧問建議及差遣出使等。但由於職務之便，李斯有了接近國君的機會。

在此期間，天下形勢已發生重大變化，韓國入朝稱臣，魏亦舉國聽命於秦。這一年，雖有魏國信陵君率五國聯軍偶敗秦將蒙驁，實為迴光返照，垂死掙扎而已。而秦國自從秦孝公任用商鞅實行變法以來，歷經惠王、武王、昭王、文王、莊襄王六世，國力大增，兵強民富，實力遠遠超過了東方六國。秦統一宇內的形勢已經大抵形成。當時秦王嬴政雖然年輕，但志向遠大，思想活躍，在丞相呂不韋的輔助下，正在為統一全國做準備。對此，李斯也和當時許多明智之士一樣，看得非常清楚。但他的高明之處在於，能夠認準時機，及時地提出謀略和方案，為秦王獻計獻策。

有一次，李斯得到了一個向秦王上書的機會，便立刻提出吞併六國、統一天下的戰略建議。這封上書以簡潔明晰的文字剖析了形勢變化，以推動秦國加快統一六國的步伐。李斯綜觀時局，既指出了此時正是兼併六國的良機，又指出了倘若坐失良機，有諸侯復強的危險，精闢而透澈。果然，這封奏書正合秦王嬴政的心意，也是眾大臣日思夜想的主要問題，秦王不能不對這個年輕人刮目相看，於是「乃拜李斯為長史，聽其計」。

李斯剛從東方來，對那裡各國政權的腐敗和君臣離心的狀況瞭如指掌。他建議，暗中派遣能言善辯、巧於謀略的官員，各帶金銀財寶，去遊說諸侯。各諸侯國的大臣權貴如果貪財，就行賄收買；如果不為金錢所動，就派刺客把他殺掉。總體謀略是遠交近攻，並利用一切手段，在六國君臣之間挑撥離間，破壞其團結，使其內部越來越亂，然後等待機會，派出良將勁旅各個擊破。秦王嬴政聞言大喜，更加信任李斯，不久便提升他為客卿。客卿是秦國專為從別國來的人才而設置的高級官位。李斯躋身於客卿之列，終於可以與國君和眾大臣共謀國家大事了。

在以秦王嬴政為首的決策層中，李斯占有重要的一席。他雖未能像王翦等武將那樣，率領大軍，開赴前線，效命疆場，但作為秦王的謀士，他參與了整個統一戰爭的重大決策。東方諸國疆域廣大，犬牙交錯，強弱不一，情況複雜，統一戰爭應從何著手，必須有一個全面規畫。正是李斯在深入分析的基礎上，擬定出了攻滅六國的戰略決策，即由近及遠，避實就虛，選擇弱點，正面突破，先滅掉韓，再掃兩翼，最後消滅齊國。之後統一戰爭的進程說明，這個策略十分正確。

同時，在統一六國的過程中，戰爭固然是最重要的手段。但是，還必須採取相應的策略與之配合，如設法從內部瓦解，渙散敵國的軍事力量，使其失去抵抗力等，從而使戰爭更加順利地進行。這時候，李斯的策略就起了很大作用。例如趙國名將李牧，曾兩次擊退秦軍的進攻，趙國將亡，他還率領趙軍，堅持抵抗秦軍達一年之久。於是，在李斯的建議下，秦國派人持金玉收買權臣郭開。郭開在趙王面前誣告李牧勾結秦國，陰謀反叛。趙王中計，殺死李牧，自毀長城，秦軍乘亂進攻，不久就滅了趙國這個勁敵。又如在最後滅齊的過程中，由於秦已用金錢收買了齊的相國後勝，因此他一再向齊王保證，秦絕不會來攻齊國。正是在這種麻痺鬆懈，毫無準備的情況下，秦國毫不費力地就把偌大一個齊國滅亡了。在這期間，秦國基本上是按照李斯的戰略安排逐步吞食六國，從而大大加快了統一戰爭的進程。正是由於這一策略的成功，秦王嬴政才得以「奮六世之餘烈，振長策而御宇內」。而李斯也贏得了秦王的信賴，官位不斷升遷，逐漸成為秦國決策的主要人物。

二、上「諫逐客書」

就在李斯的仕途一帆風順時，發生了一件大事，幾乎斷送了他的整個政治生涯。

秦國和關東諸國相比，一向重用外來人才。自商鞅變法後，秦國地位蒸蒸日上，更吸引了大批關東士人入秦。這對秦國的發展產生了重大作用，但同時也引起了秦國一些舊貴族的忌恨。秦王嬴政元年（西元前二四六年），韓國因為抵抗不住秦國的進攻，就派「水工」（水利專家）鄭國去「間秦」，慫恿秦王修築一條溝通涇河與洛河的渠道，引涇水灌田，幹渠長三百多里，即歷史上著名的「鄭國渠」。韓國的本意是想使秦國耗費大量人力物力，疲勞不堪，騰不出手來再向東征伐，以便暫時減輕秦對韓的軍事壓力。此術之愚蠢，猶如以肉投虎，雖然耗費了秦國十年之功，卻可灌溉田地四萬餘頃，從此「關中為沃野，無凶年」，秦國更加富強，為兼併戰爭做了充足的物質準備。正如鄭國後來所說的：水渠修成，「為韓延數歲之命，為秦建萬世之功」。渠將修成，鄭國的間諜身份也暴露了，秦國上下一片嘩然。接著，秦王嬴政九年（西元前二三八年），長信侯嫪毐發動叛亂。次年，又查明相國呂不韋與嫪毒之亂有關，遂罷斥其相。鄭國、呂不韋都不是秦國人，這就為一向守舊的宗室大臣提供了藉口。他們本來就對秦「不用同姓」的政策不滿，認為大量異國異姓的人充塞秦國上下，堵住了他們的仕途，因此乘機推波助瀾，在秦王面前煽動：「一切在秦做官的外來人都是間諜，是為其本國利益來破壞秦國的。請把他們一概驅逐出境，免貽後患。」秦王嬴政對此也不能不加懷疑，於是下了一道十分嚴厲的「逐客令」，「不問可否，不論曲直，非秦者去，為客者逐！」作為楚人的李斯，當然也在被逐之列。

當時的李斯已到中年，是個頗有影響的客卿，成為被驅逐的重點對象。眼看自己的前途將被斷送，李斯心有不甘，他很清楚，這種缺乏遠見的偏激行為，不僅對他本人，而且對秦國統一天下的大業也相當不利，甚至有可能引起國內的動亂，削弱秦國實力。於是，在被逐的路上，李斯毅然向秦王上書，力請改變逐客的決定。這就是歷史上著名的〈諫逐客書〉。

〈諫逐客書〉一文洋洋灑灑，多用排比句式和形象比喻，並巧於運用虛詞助字作轉折過渡，來增加文章氣勢和襯托作者的精神。文章思想犀利，邏輯性強，很有說服力。文章開宗明義：「臣聞吏議逐客，竊以為過矣。」針鋒相對，觀點鮮明。接著，李斯用透澈、明快、雄辯、激切的言詞，連物比類，就秦國本身發展的歷史事實，歷述異國人的豐功偉績和關鍵作用。春秋時代的秦穆公，是強秦的奠基之君，他從西戎迎來由余，從宛地（今河南南陽）得到百里奚，從宋國招來蹇叔，任用從晉國來的丕豹、公孫支。秦穆公任用這五人，兼併了二十國，稱霸西戎。秦孝公任用商鞅，實行新法，移風易俗，兵強國富，打敗楚魏，擴地千里。秦惠王用張儀的計謀，拆散了六國的合縱同盟，迫使他們一個個西面事秦。秦昭王得到魏國人范睢，計除秦國王廷上專權的親貴大臣魏冉，加強了王權，併吞諸侯，奠定了秦國帝業的基礎。上述四位國君，都是靠任用客卿而大大促進了秦國的發展。李斯借助無可辯駁的事實有力地反問道：「客何負於秦哉？」假如這四位君主也「卻客不用」，那怎麼會有今天強大的秦國呢？李斯又以秦王對來自異國的明珠美玉，駿馬利劍、音樂、舞蹈、礦產、美女的喜愛為例，發問道，陛下並不因為這些所好不是秦國出產就捨棄不用，為什麼獨獨對客卿要一概驅逐呢？「逐客」將破壞秦國威望，從此天下背秦，這實際是拋棄百姓去資助敵國，排除「客」籍人才而去成就各諸侯國的功業，這絕不是「跨海內制諸侯」的君主所應採取的態度，而是俗語所說的「借寇兵而齎盜糧」的做法。他由此得出結論，逐客之舉是既損害了人民，又資助了敵國，「內自虛而外樹怨」，破壞秦國統一天下的大好形勢。這對秦國來說簡直太危險了！李斯的上述議論表明，這篇文章不僅僅是如何對待外國異域人士的問題，而且涉及要不要廣泛地爭取人才，實現統一的大問題。很顯然，「逐客」與秦王橫掃宇內的既定方針完全是背道而馳的。

〈諫逐客書〉一氣呵成，情辭懇切，確實反映了秦國歷史和現在的實際情況，充分代表了當時有識之士的深刻見解。秦王嬴政讀後，頗受感動，頓時醒悟，明白了利害得失，立刻廢除逐客令，並派人把李斯追了回來。當時，李斯由於對秦王嬴政的瞭解與信心，所以一路慢慢地走。追回的命令下達時，他才走到離京師不遠的驪邑（今陝西臨潼市東北）。這也說明李斯性格的機敏及其政治預見性。

可以看出，如果沒有李斯挺身而出，呈上〈諫逐客書〉，秦王是絕不會輕易收回成命的。這一事件能否正確處理，保守貴族那閉塞的宗法統治能否被打破，對於秦王今後的事業能否成功，關係極大。正是由於秦王聽取了李斯的正確意見，保持了這種政策的連續性，廣泛地招攬外國異域賢士，使得當時各國的佼佼者幾乎都西奔入秦，一大批一流的政治家和軍事家聚集在秦王周圍。李斯、尉繚之類的「士」人自不必說，就是在殲滅六國中戰功赫赫的王翦、王賁、王離、馮劫、李信、蒙武、蒙恬等武將，皆係異域之人。他們群集於秦國都城咸陽，呈現出「大略駕群才」的壯觀局面。這期間雖然曾有一段荊軻刺秦王的插曲，秦王嬴政本人幾乎喪命，但一直未動搖他對外國異域人士的信任和重用。若無這些來自異域的文臣武將協助策劃，秦王要迅速實現「六王畢，海內一」的目標是不可能的。李斯的〈諫逐客書〉，預示了秦國將要改變歷史航向而一統天下的輝煌前景，具有深遠的意義。

李斯的直言進諫既保住了客卿在秦國的地位，也為他在秦國的發展鋪平了道路。秦王嬴政也因此更加器重李斯，並很快把他提升為廷尉。廷尉是主管全國刑獄的長官，又是朝廷的所謂九卿之一，對國家的基本決策有重要的發言權。

三、計殺韓非，首滅韓國

逐客風波平息後，秦國的政治、經濟實力大大增強，平定六國已被提到秦王嬴政的日程上。李斯根據當時形勢，認為地處天下之中、又正擋秦軍東向之路的韓國實力最弱，應作為統一六國的突破口。以韓之弱小，頭一炮打響，不僅可以振奮軍威，而且敲山震虎，還能從心理上懾服其他五國。李斯的貢獻是根據時勢的發展，清醒地認識到統一大業將水到渠成，不失時機地轉入逐步滅亡六國的軌道。

秦軍向韓國邊境大舉進攻，韓王安十分恐慌。李斯在這關鍵時刻親自出使韓國，威逼利誘，迫使韓王安向秦稱臣。在這種危急形勢下，韓王急忙找韓非商討救亡圖存之策。

韓非是韓國的王室貴族，早年曾與李斯一同跟隨荀況學習，攻讀刑名法術之學。韓非口吃，不善於演講，但擅長思考和著述。李斯自以為才學不如韓非。可是，由於兩人在人生道路上的選擇不同，致使結局大不一樣。李斯擇地而處，擇主而仕，效力於國力蒸蒸日上的秦國，依附於雄才大略的秦王，終能大展鴻圖，飛黃騰達。韓非則念念不忘故國，情牽於貴族世家，一直為江河日下的韓國效力，希圖力挽狂瀾。眼看韓的國勢日益削弱，韓非屢次上書韓王，要求運用法家理論勵精圖治，進行改革，但都不被採納。對此，韓非感到痛心疾首，悲憤莫名。於是他發憤著書，先後寫出了〈孤憤〉、〈五蠹〉、〈說難〉、〈內儲〉、〈外儲〉等數十篇千古流傳的著名文章，約十餘萬言，後人編為《韓非子》一書，集先秦法家理論之大成。韓非的行文風格峻峭，筆鋒犀利，切中要害。他的書傳到秦國，由於講的都是「尊主安國」的理論，秦王讀後連連拍案叫絕，讚歎道：「真是太精彩了！我要是能見到此人，和他交往，可以死而無憾了！」不久，秦國攻打韓國。韓王安考慮到韓非的學識和名望，便派他出使秦國，想通過外交努力使韓國苟延殘喘。

韓非此時處於兩難之地。作為一個深諳歷史大勢的思想家，他對形勢的分析估計與李斯大抵相同，即認為秦統一中國的條件已是水到渠成，不可逆轉；但作為一個韓國貴族，他又不忍祖宗基業毀於一旦，自己還要為保存韓國做最大的努力。李斯也極力勸他前往秦國。韓非到秦國後，當即上書秦王：「如今，秦地數千里，雄師百萬，號令賞罰嚴明，天下不及。臣冒死求見大王，進獻計謀。大王誠能聽臣之說，必一舉而破天下合縱，亡韓，克趙，降服楚魏，親附齊燕，使秦成霸主之名，君臨四境諸侯。否則，大王斬臣示眾，以誡為王謀劃而不盡忠之人。」這話說得斬釘截鐵，使秦王越發敬重韓非。韓非趁秦王高興，上了一篇表面上為秦著想，實則設法保韓的奏章。其主要內容是：一曰韓國三十餘年忠謹事秦，不敢違拗，反而先被滅亡，這將使天下諸侯個個自危，被迫聯合抗秦，從而對秦國的統一大業不利；二曰韓國雖弱小，但它守備堅固，秦如伐韓，短期內不能滅亡它，必使秦兵鋒受挫，遭到削弱。而齊、趙等國反會強大起來，使秦永無統一天下之日；三曰不如拉攏韓國和魏國，專攻強趙和強齊，一旦趙、齊平定，韓國可不攻自亡。韓非這篇上書的實質，就是勸秦王緩攻韓國。

秦王把韓非的計畫交給大臣們討論。李斯立刻上書，反對韓非的「存韓」之論。

李斯說，韓國對秦來說，好比心腹之患。別看它現在順服於秦，實際上是順服強力。一旦秦保留韓國而東攻趙、齊，難保它不與趙、齊、楚合謀，從後方夾擊秦國。故韓非的話絕不可信！接著，李斯指出：「韓非是韓國的公子。現在正是大王掃平諸侯、兼併天下的時代，韓非當然忠心於韓，而絕不會真心為秦效力，這是人之常情。大王千萬不能為其言語所惑，要明察其心。若要放他歸國，那就等於放虎歸山，他會伺機報仇，給秦國留下無窮的後患啊！所以不如藉故把他殺掉！」最後，李斯建議，由自己前往韓國，誘使韓王入秦。秦就以韓王為人質，脅迫其大臣俯首歸順。然後秦再發兵威脅齊國，齊也必然效法韓國。這樣一來，趙人破膽，楚人狐疑，魏國不敢輕舉妄動，諸侯便可蠶食而盡。

此書一上，秦王嬴政馬上下令把韓非逮捕入獄。不久，韓非在獄中服藥自殺。與此同時，李斯出使韓國，失去主見的韓王眼見秦國大軍壓境，再也無計可施，只得交出傳國玉璽，向秦國稱臣。秦王嬴政十七年（西元前二三〇年），秦又藉口韓國背叛，向其發動全面進攻。韓在六國中第一個被秦滅亡，李斯的戰略首獲成功。

在這期間還有一段小插曲。關於韓非之死，後人對李斯頗多非議。漢人王充在《論衡．禍虛篇》中說：「傳書：李斯妒同才（門），幽殺韓非於秦。」後世論者多從此說，認為李斯與韓非共同師事荀子，而李斯因妒其能而殺之。其實這種說法實為偏頗之辭。李斯殺韓非的主要原因是，韓非入秦的動機旨在「弱秦」，「終為韓而不為秦」。因其政治立場與李斯針鋒相對，致使李斯不得已而殺之。

從西元前二三〇年滅韓起，至秦王嬴政二十六年（西元前二二一年）止，短短十年間，秦先後吞滅趙、魏、楚、燕、齊等國，結束了春秋以來分裂割據的局面，實現了我國歷史上第一次空前的大統一，建立起了我國第一個封建王朝——秦朝，中國的歷史翻開了新的一頁。統一大業之所以能如此順利而迅速，除了當時所具備的客觀歷史條件——秦強大的經濟、軍事實力以及作為統帥的秦王本人的雄才大略之外，作為秦王最重要謀士的李斯具體制定的一整套戰略，也發揮了重大作用。因此，李斯無疑是秦王朝的開國元勛。

四、力駁分封

西元前二二一年，在中國大地上首次出現了一個以咸陽為國都的大帝國，其疆域東至大海，西至甘青高原，北至河套、陰山、遼東，南至嶺南。面對如此遼闊的疆域，眾多的人口，複雜的形勢，需要建立什麼樣的政權機構，採用什麼樣的統治方式才能把新帝國的政權鞏固下來，秦王嬴政並非成竹在胸。他只好數次召集群臣「議政」。許多人主張，仍沿用古代的體制和稱謂。在那關鍵時刻，又是李斯，再度扮演了極為顯要的角色。新帝國確立的政治制度和其他方針政策，除立帝號一項是李斯與王綰等人合提而外，其他均出自李斯一人。中國歷史上第一個封建專制的中央集權國家的建立，深深地打上了李斯的印記。

秦王嬴政志得意滿，作為新帝國的最高統治者，他迫不及待地要「更名號」。於是召集群臣

「議帝號」。丞相王綰、御史大夫馮劫和廷尉李斯聯合出面，盛讚秦王的功業是「上古以來未嘗有，王帝所不及」，建議選用古代最尊貴的稱號「泰皇」，天子自稱為「朕」。秦王嬴政去「泰」著「皇」，採上古帝位號，稱「皇帝」。嬴政為始皇帝，後世依次稱為二世、三世……傳之無窮。從此，中國歷史就有了「皇帝」及其他專用的一套稱謂，為以後歷代封建王朝的最高統治者沿用下來。

戰國時期，各國「言語異聲，文字異形」，同一個字往往有幾種不同的寫法。文字的不統一，對於推行中央政府的政策法令和文化傳播都是極大的障礙。於是，李斯以原秦國的文字為基礎，整理出一種筆畫較戰國時期簡便、寫法一致的文字，這就是歷史上所說的「書同文」。李斯自己動手，寫成範本，稱為小篆，頒行全國。這就廢除了其他異形字，有助於統一的多民族國家的形成。「書同文」成為聯結整個中華民族的一根無形紐帶，李斯對此有開創之功。

李斯的歷史功績，莫過於他在分封制與郡縣制論爭中所起的作用了。西元前二二一年，當秦始皇召集群臣討論政治制度時，廷尉李斯與以丞相王綰為首的多數大臣發生了尖銳的對立，分別規劃了兩個不同的藍圖。王綰等人提出：「秦王朝國土廣大，中央不宜都直接管理，應該在原燕、齊、楚等偏遠地區實行分封制，立諸子為王。如果不實行這種辦法，這些地區很難鞏固。」秦始皇把王綰的建議交群臣集議，文武百官多以為意見正確。唯獨李斯力排眾議，他力陳分封制的弊端：「周初分封子弟為諸侯，原來是想讓他們保衛王室。但過了幾代之後，他們彼此疏遠，相互攻擊誅戮，如同寇仇，連周天子也無法禁止。五百多年來，鬧得天下沸沸揚揚，不得安寧，正是分封的那些諸侯葬送了周的天下。這個歷史教訓記憶猶新。」因此李斯建議：「現在依賴陛下英明，好不容易天下統一，應在各地區設置郡縣，由中央直接任命官員治理。至於公子王孫或有功之臣，國家可以用賦稅收入多多賞賜，這樣他們就容易被皇帝控制。實行郡縣制，天子的意志可以直接貫徹到國家的每個角落，這才是安定社會的行之有效的策略。」這一席話符合歷史發展的趨勢，因此打動了秦始皇。這位新皇帝終於果斷地下了結論：「正因為過去諸侯割據，所以天下戰亂不息，百姓受苦。現在天下初定，如果再行分封，那是重新授人以柄，等於又開動亂之源，天下將永無太平之日。廷尉李斯的意見是正確的。」於是，這種延續了兩千多年的郡縣制就從此奠定了下來。

在李斯的輔佐之下，秦王朝分天下為三十六郡（後增至四十餘郡），派太守治理，都尉掌武備，御史行監督。這些郡縣，是中央政府直接管轄下的地方行政單位，完全聽命於中央和皇帝。至此，中國歷史上第一次分封制與郡縣制的大論戰，也是秦王朝建立後第一次大的政治鬥爭，終以秦始皇、李斯為首的堅持郡縣制論者的勝利而告結束，而以皇帝制、三公九卿制、郡縣制為主要特徵的一套完整的封建國體、政體終於在中國確立。這種國體、政體為以後各封建王朝相繼沿襲。可見，李斯是中國封建國體、政體的主要規劃者。從此以後，秦始皇對李斯寵幸有加，並擢至左丞相，成了一人之下、萬人之上的權臣。

由於封建制度的本質，從總體上說，任親的傾向壓倒了任賢，致使分封制與郡縣制的鬥爭幾經反覆。秦朝滅亡之後，劉邦在楚漢戰爭中就先後分封七個異姓諸侯王。結果，西漢創立初期，只得折衷兩端，郡縣制與分封制並行。可是，七個諸侯王或離心離德，或公然舉行叛亂，迫使劉邦在楚漢大戰烽煙初息之際，又戎馬倥傯地馳騁於平叛戰場。削平七個異姓王之後，他錯誤地總結了秦二世亡國的教訓，即所謂秦「孤立而亡」，又相繼分封許多同姓王。滿以為骨肉為援，可以江山永固了。不料，時隔不到五十年，竟然爆發了七個同姓諸侯王大規模的聯兵叛亂，幾乎危及西漢王國的生存。最終到漢武帝時才解決了這個問題。西晉時，晉武帝大封同姓為王，結果在短暫統一之後，又發生了「八王之亂」。同姓骨肉的仇殺，其殘酷性、破壞性絲毫不亞於民族間、階級間的戰爭。到了後世，時有分封倒行，因而也時有因此而引發的戰亂。歷史的每一次反覆，都更充分地反映了分封制的落後。由此也可看出，李斯所規劃的那套體制有著深遠的歷史意義。

為使「六合之內，無不臣服」，秦始皇派兵南開五嶺（今廣東、廣西、湖南、江西等省區邊境的五個山嶺的統稱），把越族居住的百越之地納入版圖，並在那裡設置郡縣。為解除戰國以來北方匈奴族對中原的侵擾，他派蒙恬率大軍三十萬征戰朔方（當時泛指北方）。與此同時，秦始皇開渠修路，以轉運軍需；移民屯邊，以墾荒戍守；還修築萬里長城，防禦匈奴南侵。

這些，無不徵召大量民力，雖有一定的歷史合理性，但集中在短短幾年時間內，推行得過快過急，繁重的兵役勞役已超出了社會的負荷量，使人民不堪忍受。隨著時間的推移，秦始皇窮奢極欲的本性更加暴露無遺。他修宮殿，築陵墓，大興土木。當時秦朝全國人口只有兩千萬，而服役者竟不下二百萬。秦始皇為了支撐戰爭和工程的耗費，又加倍徵收賦稅。農民實在無法生活，但稍有反抗，即遭到殘酷刑法的處置。作為開創秦王朝基業的秦始皇根本不知道這樣一個道理：在秦統一過程中，他的力量來源於民眾對統一戰爭的支持；現在一旦失去這種支持，他就變成了孤家寡人。這一點，盲目崇信暴力和崇拜權力的李斯並未清楚地看到，因而未能進行有力的勸諫。李斯身為丞相，在這裡充分表現了他的歷史侷限性。

五、「焚書坑儒」

秦朝統治者除用嚴酷的刑罰對廣大人民進行統治外，還加強了對思想文化領域的專政。焚書坑儒即是最為有力的措施。而這一事件的主謀者就是李斯。

由於秦始皇是以法家理論為指導統一天下的，對這套理論的效用十分重視，因此引起了大批儒家學者的不滿。他們往往採取借古諷今的形式，對秦始皇進行批評。

秦始皇三十四年（西元前二一三年），秦皇置酒咸陽宮，大會群臣。博士僕射周青臣當面頌揚說：「往時秦地不過千里，而今賴陛下英明神聖，平定海內，放逐蠻夷，日月所照，莫不賓服；以諸侯為郡縣，人人自安樂，無戰爭之患。如此彬彬之盛，可傳之萬世，自上古不及陛下威德。」周的頌詞雖有奉承之嫌，卻也大致合於事實。而來自齊地的博士淳于越頗不知趣，指責周不忠，並借話頭重新要求實行分封制。淳于越進諫說，殷、周之所以存在千年，是因為它把天下分封給子弟和功臣。現在天下如此之大，宗室子弟沒有封地，和百姓一樣，萬一發生了「田常」、「六卿」之變，又有誰來相救呢？最後，他批評秦始皇說：「凡事不效法古人，而想求得長治久安，我還從未聽說過呢！」

淳于越的駁議，首先選錯了歷史根據，殷、周存在時間較長，絕非因為分封子弟功臣。在人類歷史的初級階段，社會發展速度較為緩慢，因而必然歷時長久。以周代為例，合東、西周共八百餘年，但名存實亡的時間過半，比先前的夏、商兩朝要短。而且，「田常」、「六卿」之變，不是分封子弟就可以避免的，這恰恰是在分封時代產生的歷史現象。基於此，他得出的「效法古人」的結論無疑就缺少根據了，這必然導致頌古非今，走回頭路。淳于越是以儒家的立場來看待秦朝政治的，要求恢復已經過時的分封制，說明了他們歷史觀念的守舊和迂腐，也說明了先秦的舊儒學與新的大一統政治格局的格格不入。

秦始皇將淳于越之議下達朝廷，讓他們評判周、淳的是非。丞相李斯對淳于越的復古倒退言論痛加駁斥。他向秦始皇闡述了自己的觀點：「古時五帝治理天下的辦法互相都不重複，夏、商、周三代也是各以其方略治國，互不沿襲。原因就在於時代和環境不同，不能盲目仿古。今天陛下開創大業，建成萬世之功，您的英明之處，當然不是那些愚儒所能理解的。淳于越一味頌揚三代之事，何足效法！」當時李斯明白皇帝心思，認為淳于越之議是陳腔濫調，不能答應。堅持郡縣制，反對分封制，也是無可厚非的。假如李斯的話到此為止，也只不過是以前出現多次的政爭重演。李斯卻進一步附和秦始皇的獨裁心理，不僅要求一統行政，而且嚴格要求一統思想。於是他變本加厲，大加發揮，提出了「焚書」的建議。他說：「以前政出多門，各種學派乘機招搖。現在天下統一，法令一統，百姓努力生產，遊學之士也應專學法令，否則將會影響政局的穩定，有損於皇帝的權威。可當今儒生專門以古非今，擾亂人心。對皇帝的法令，總是以自家學說為標準來衡量取捨，議論誹謗，標新立異。長此下去，勢必會破壞朝廷的威信。因此，必須嚴禁私家學派。」李斯為使輿論一律，改採取的措施不免太極端：凡歷史書籍，除《秦記》以外，一律燒毀；《詩》、《書》及諸子百家的著作，除博士官所收藏的以外，其餘的一律燒毀；有敢談論或講誦禁書的，公開處死；以古非今者，舉族連坐；除了醫藥、占卜和農林園藝這幾類書不燒外，其他書一律在命令下達三十日以內焚毀清除；官吏知情不報者，與違禁者同罪；嚴禁私人辦學；凡欲求學者，以吏為師，研習法令。很顯然，這是極端的文化專制措施。

秦始皇批准李斯的建議，下達了焚書的詔令。這樣，從商鞅提出「燔詩書而明法令」的理論以來，直到秦始皇時才化為具體行動。中國大地上迅即出現了一次文化史上的空前大浩劫，使先秦時的無數珍貴典籍化為烏有。焚書的暴行進一步強化了皇帝的專制獨裁，引發了坑儒事件。

秦始皇三十五年（西元前二一二年），為秦始皇煉長生不死藥的方士侯生、盧生私議秦始皇「不德」，然後逃之夭夭。方士們的騙術自不可信，但他們所議始皇專橫則是事實。秦始皇聞之大怒，認為他們是「為妖言以亂黔首」，於是使御史悉案問諸生，諸生轉相告引，「乃自除犯禁者四百六十餘人，皆坑之咸陽，使天下知之，以懲後。」史籍雖未明載此事與李斯有什麼關係，但以其當時的政治地位和思想傾向看，他成為秦始皇的積極支持者這點自然不會有什麼疑慮。

這就是歷史上著名的「焚書坑儒」事件。這次事件的原因，是由於討論是否分封的問題而引起的，無論是主張分封還是反對分封的大臣，都是為了秦王朝的長治久安，他們並無根本利益上的對立。李斯借題發揮，終於釀成「焚書坑儒」的慘禍。另外，這也不是沒有其他的緣由。秦國自商鞅變法以來，一直是以法家理論作為治國的指導思想。秦始皇一統天下之後，把主要精力放在建立中央專制政權方面，劃定全國疆域，統一文字度量衡，修築長城等，對文化思想方面很少注意。淳于越以儒家思想為秦始皇出謀劃策，不利於秦的中央集權統治。而善於領會秦始皇意圖的李斯，為了打擊儒家勢力，鞏固統一政權，不失時機地提出了焚書的主張，並很快發展到坑儒的嚴重局面。

「焚書坑儒」事件，本來是一樁甚為簡單的歷史舊案。但古今人物對此卻議論紛紛，讚揚者不乏其人，責罵者更大有人在，以致久無了斷。其實，用歷史唯物主義的觀點來分析這一舊案，就不難得出結論。第一，這一事件的出發點在於實現思想統一。為了保證政治上和政策上的統一，這本是所有統治階級鞏固統治的自然要求。焚書之火又是兩種歷史觀較量的結果，是郡縣制與分封制鬥爭的激烈反映，更是針對當時社會局面混亂，輿論複雜，人心不定，關係到新建的統一帝國能否鞏固而採取的極端措施。很顯然，這是為了把人們的思想、輿論也統一到現行政治制度的軌道上來。在當時的形勢下，李斯的主觀動機或出發點無疑是對的。倡導「師今」，主張向前看，反對「師古」、「頌古」，有著積極的社會意義，尤其對於鞏固剛剛締造的多民族的統一國家有重要作用。第二，用誅殺知識分子，毀滅歷史和文化的專制主義來達到統一思想的目的，卻不能不說是政策上的重大失誤。這對中國古代文化是一次嚴重的摧殘，而且其危害遠遠超出意識形態領域鬥爭的範圍。企圖用高壓手段強制人們只尊奉一種思想，顯然是達不到目的的，甚至適得其反。這種愚民政策可以愚民於一時，不能愚民於長久。它必將激起人民群眾更為激烈的反抗。「焚書坑儒」這種文化專制主義不但不能達到鞏固封建專制政權的目的，反而成為加速秦王朝滅亡的一個重要原因。第三，

「焚書坑儒」開啟了中國古代帝王實行文化專制主義的先河。此例一開，遂為歷代統治者所效法，造成了十分惡劣的後果。

六、矯詔廢立

到秦始皇的晚年，李斯已位居丞相高位，他該志得意滿了吧！事實並非如此。如果說，在做丞相之前，李斯的一切努力都是為著獵取富貴功名，那麼，位極人臣之後，他的一切努力又都是圍繞著保持這種權勢和富貴了。此時的秦始皇，對於李斯一味的阿諛奉承並不感謝。相反，他對李斯也時刻提防，頗多疑忌。大概是怕人刺殺自己，始皇的行蹤不定，鮮為人知。一次，他去梁山宮時，從山頭上往下望，只見丞相的車馬隨從甚盛，心中很不高興。有一侍從宦官把這事偷偷告訴李斯，李斯很害怕，馬上將車馬隨從大大減少。秦始皇得知後大發雷霆，認為是內侍把他的話洩露了出去。於是嚴刑逼供，但無人招認，在毫無結果的情況下，秦始皇把身邊的內侍統統殺掉。這時的李斯也是誠惶誠恐，日子自然也不好過。他非常清楚，秦始皇既可使他位極人臣，也可以使他血染黃泉。當時，李斯的長子李由為三川郡守，領兵在外，鎮撫一方。其他的兒子都娶了秦公主為妻，女兒們則盡嫁皇族公子。一次李由告假回家，李斯在家設宴。滿朝文武聞訊紛紛趕來「祝壽」，車水馬龍，絡繹不絕。此情此景，使李斯大發感慨：「荀卿常說『物禁太盛』，任何事物發展到極點，就會向反面轉化。我原是一介布衣，今天卻做了丞相，可以說是富貴到了極點。天下事是盛極而衰，我今後的前途吉凶未卜啊！」統治階級內部的勾心鬥角，已在李斯身上逐漸露出悲劇氣氛了。從此以後，李斯在秦始皇跟前更加謹慎從事。因此，李斯在秦始皇時代一直寵信未衰。秦始皇幾度出巡全國，李斯總是不離左右。而且每到一地，無論是泰山封禪，或巡視隴右，據說所有刻石的書法文章，都出自李斯之手。這不僅是因為李斯的文采出眾，更重要的是顯示了他是秦始皇的寵臣。

秦始皇三十七年（西元前二一〇年），秦始皇最後一次到東方巡遊。隨從秦始皇身邊的除丞相李斯外，還有中車府令趙高和秦始皇的少子胡亥。據說秦始皇有二十多個兒子，一直沒立太子。大兒子扶蘇因對父親「焚書坑儒」等政策犯顏直諫，被派到北方邊境上蒙恬的軍營去做監軍。其他兒子也都未能隨行。

十月，巡視隊伍從咸陽出發了。在南方巡遊一大圈之後，又乘舟渡海到了琅琊（山名，在今山東膠南市境內），再折而西行。由於旅途勞頓，車駕在返回途中行至平原津（今山東平原縣）時，秦始皇突然身染重疾。隨行的大臣們眼見皇帝病情日漸加重，內心都為未定太子而惶惶不安。可是由於秦始皇平時最忌諱一個「死」字，所以大臣們都不敢提醒皇帝。次年七月，皇輿西還至沙丘（今河北廣宗縣西北），秦始皇病情惡化，生命垂危。這裡離秦都咸陽尚有兩千里之遙。此時，秦始皇才感到死神的逼近，自嘆將要撒手人寰，只得盡力支撐著虛弱的病體，命趙高代詔，賜公子扶蘇書。其大意是：將邊事悉交蒙恬，速赴咸陽料理喪葬。實際上是讓他回京主持喪禮，繼承皇位。但書信在趙高手中尚未發出，秦始皇就突然死去了，終年五十歲。

開國帝王的暴死，往往引起舉國慌亂。何況秦始皇死在巡遊途中，生前又未及確立太子。為防止意外事變，這一消息被嚴密封鎖，只有李斯、趙高、胡亥和少數貼身侍從知道。李斯將秦始皇的屍體安置在一部簾幕低垂的轀輬車中，表面上一切如故。車內置一親信宦官作替身，在百官奏事時代為應答。回京路上，因為天氣酷熱，屍體腐爛發臭。於是李斯命令同車載上一石鮑魚，以腥亂臭，等回到京師咸陽，方才正式發喪。但就在回京路上，爆發了一場歷史上罕見的宮廷政變。

當時的中車府令趙高出身低賤，秦始皇認為他博聞強記，機敏過人，通曉律令，就提拔了他，並使之輔佐少子胡亥，教他刑法知識。一次，趙高犯了大罪，交由蒙毅處置。蒙氏本是秦國的名將世家，其祖蒙驁、父蒙武、兄蒙恬均屢建戰功。蒙氏兄弟又與始皇長子扶蘇關係甚密。蒙毅依法判處趙高死罪。但始皇不僅赦免，而且命他官復原職。趙高從此與蒙氏家族結下仇怨。秦始皇一死，給了趙高以可乘之機。趙高與胡亥關係親近，二人密謀奪取扶蘇的皇位，因而扣下秦始皇的遺詔不發。老奸巨猾的趙高深感自己難以一手遮天。因此，他便把眼光投向能夠左右局勢的丞相李斯。

趙高鄭重其事地對李斯說：「先皇駕崩，子嗣未立，留給扶蘇的遺詔和玉璽都在公子胡亥手中。確立誰繼承皇位，全在於閣下與我審時定策了！怎麼辦？請丞相發表高見吧。」李斯聽了大吃一驚：「你怎麼想出了這種犯上作亂的主意？由誰來即位，可不是身為人臣的你我所應議論的！」趙高顯出憂心忡忡的樣子，說道：「丞相啊，您可以自己斟酌一下。論才能，能與蒙恬相提並論嗎？論謀略，能與蒙恬一比高低嗎？論功績，能高出蒙恬之上嗎？論無怨於天下，能與蒙恬相比嗎？論與扶蘇之間的私下交情，又誰親誰疏呢？」李斯略加思索，一本正經地說：「這五點我自然都不及蒙恬。」趙高緊逼一步：「先帝有二十多個兒子，他們的情況丞相也都清楚。就拿長子扶蘇來說吧，他剛毅勇武，監軍邊陲，深孚眾望。一旦扶蘇即位，必用蒙恬為丞相，而您不過老歸故里，了此一生。這是顯而易見的事。丞相您還猶豫什麼呢？」李斯立即反駁道：「我只奉先帝遺命，順從天意，從不考慮個人安危，請你不要再說。」趙高不疾不徐地說：「聖人處事，總是審時度勢，不拘守已過時的法則。聰明的人，總善於在機會的轉折關頭作出明智的選擇，丞相您總不是那種不知變通的人吧！」密談至此，李斯也顯得有些激動：「我聽說晉國將太子申生廢置而立奚齊為太子，造成三代不安；齊桓公與公子糾爭奪君位，弄得禍起蕭牆；殷紂王拒諫，殺死了其叔父比干，最終招致國破家亡之禍！這一切都史有明鑑，我李斯怎麼能違背先帝遺願，參與這樣的篡權密謀呢！」一席話似乎充滿著堂堂正氣。但趙高是個偽善狡詐、善於揣測別人內心隱私的人，他對李斯自然瞭如指掌。於是趙高便用保住功名富貴去撥動李斯的心弦，厲聲說道：「方今天下的大權，國家的命運，都操在胡亥的手中，我趙高倒不愁不得志啊。可是丞相您呢，就要當心了！採納我的建議，您可世代封侯，富貴延及子孫；否則，到時落得滿門抄斬，災禍殃及子孫，該是多麼令人寒心的事啊！」李斯呆呆地楞在那裡，由於內心鬥爭激烈，臉上的肌肉也不時地抽搐著。片刻之後，他不禁涕淚交流，仰天長嘆道：「上蒼啊！我為什麼偏偏遭遇這亂世啊！我既然不能以死報答先帝，那我命運的歸宿又該寄託在何處啊！」在這次非同尋常的密談中，趙高對李斯以利相誘惑，以威相脅逼，軟硬兼施，終於使這位堂堂左丞相的思想防線崩潰了。

於是，李斯便順從了趙高，與之共同篡改了始皇遺詔，立胡亥為太子。另又偽造詔書，賜死公子扶蘇和大將蒙恬。這兩個人死後，李斯同趙高一樣，也是一陣狂喜，以為除掉了自己的心腹大患。到咸陽後，立刻發喪，擁立胡亥為二世皇帝。接著，二世命趙高為郎中令，名義上全面擔負宮廷的警衛之職，實際上常居宮廷，參與軍國大政的決策，實權遠遠超過了郎中令的職責範圍。在趙高的有意唆使下，秦二世大開殺戒，處死自己兄弟姐妹二十多人，又誅殺了功高任重的大臣蒙毅等人。於是，秦統治集團開始分裂瓦解，人人自危。

擁立二世胡亥成為李斯一生的轉折點。面對生死禍福的抉擇，一切道德信條都化作縷縷青煙。李斯參與了胡亥、趙高的陰謀，為自己換得短暫的苟且偷生。其實，在當時的條件下，李斯作為百官之長的丞相，只要堅持原則，團結其他大臣，趙高與胡亥的陰謀並非不能挫敗。但李斯首先考慮的是個人的權勢利祿，生怕扶蘇繼位後自己會屈居蒙氏兄弟之下，因而也就不惜出賣原則和人格，成為二世胡亥和趙高的幫兇。如果說在此以前，李斯是作為一位著名的政治家而活躍於歷史舞台的話，那麼，自此以後，他的種種表演則既不高明，又不光彩。他和趙高、胡亥狼狽為奸，又勾心鬥角，把整個政局攪得混亂不堪，以致不可收拾。其結果不但葬送了他協助創建的秦王朝，而且自己也落了個身敗名裂、貽笑千古的下場。

七、阿順苟合身敗名裂

秦始皇作為中國歷史上第一個統一全國的傑出人物，自有其偉大的功績，但同時他又是歷史上少有的暴君。秦二世當時雖已二十一歲，但較之他的父皇，少了事必躬親的氣魄和才幹，卻多了許多荒淫和殘暴。秦二世曾有一段自白：「夫人生居世間也，譬猶騁六驥過決隙也。吾既已臨天下矣，欲悉耳目之所好，窮心志之所樂。」在秦二世看來，人生在世就是為了尋歡作樂。這種極端腐朽的人生觀與皇權結合在一起，迅即給人民造成了無窮的災難。「法令誅罰，日益深刻」，「賦斂愈重，戍傜無已」，農民的困苦達到極點，社會生產力的破壞達到極端嚴重的程度。賈誼〈過秦論〉說，秦二世即位不久，全國到處出現了「父不寧子，兄不安弟，政苛刑慘，民皆引領而望，傾耳而聽，悲號仰天，叩心怨上，欲為亂者，十室而八」，本來在秦始皇統治晚年已激化的階級矛盾，此時更加尖銳，終於觸發一場埋葬秦王朝的農民大起義。

大規模的農民起義及六國貴族的義軍迅速發展，如火如荼。二世胡亥卻被蒙在鼓裡，以為只是幾個盜賊流竄，仍然一味縱情酒色，大權實際操縱在趙高手裡。趙高恃寵專權，驕縱不法。他怕大臣入朝奏書，暴露其惡，便像教育一個小孩子似的對胡亥說：「陛下要想顯示自己尊貴，就應該深居簡出，不必天天按時上朝。陛下還很年輕，萬一在大臣面前講錯了話，那豈不被人小看？依我之見，陛下不如不上朝，凡國中之事由我和幾位熟悉法令的大臣去辦好了。假如遇到大事，再出來裁定，天下人便不敢輕視陛下。」胡亥受其誘騙，從此深埋皇宮，不理政事，大臣的奏報均由趙高代理。

丞相李斯比昏庸無能的胡亥當然高明得多。他看到了秦王朝的危機，為了保住秦王朝，更為了保存自己的既得利益，他心急如焚，幾次進諫，但都受到二世的斥責。

隨著秦將章邯暫時擊潰了周文率領的農民起義軍，秦二世更加恣意享樂。一次，胡亥責問李斯說：「過去韓非曾經說過，古代的君王都十分辛勤勞苦，難道君王管理天下是為了受苦受累嗎？這是因為他們無能。賢人有天下，就要讓天下適應自己，如果連自己都不能滿足，又如何使天下滿足呢？我想隨心所欲，而又要永遠統治天下，你李斯有什麼辦法嗎？」當東方烽煙遍地，秦王朝的末日就要到來時，胡亥想到的不是如何挽救危機，而是要李斯向他傳授「長享天下而無害」的祕訣。這時的李斯，或者冒死犯顏直諫，規勸二世改弦更張；或者昧心地投二世之所好，使二世在殘暴肆虐的泥淖中越陷越深。李斯聽後，不由地犯了心病。當時他的長子李由為三川郡守，起義軍過境而無力抵禦。趙高、章邯等人正追究李由的責任，矛頭實際是指向李斯。還有人譏諷他高居丞相之位，鎮壓不力，致使群盜橫行。現在，他若選擇前者，二世必然惱怒，說不定會重重治他的罪。為了保持官祿，李斯選擇了後者。他揣摩二世心理，精心炮製了一篇大講督責之術的上書。

所謂「督責」，就是君主時刻督察臣下的罪過而責之以刑罰。其主要內容是：第一，君主的尊貴表現在「以人徇己」，即要求天下的臣民都為君主個人的利益服務，縱使為君主一時的享樂而犧牲千百萬人的生命亦在所不惜；第二，為了要全國臣民都為君主的利益乖乖地犧牲一切，必須厲行督責之術，使群臣百姓在刑罰下盡心竭力地服侍君上，使他們終日在惶惶不安中打發日子，自然也就不會造反了；第三，君主需要的是為所欲為，無恥至極地「荒肆之樂」、「流漫之志」，因此對於節儉仁義和諫說論理之臣一概予以擯斥。他認為最合格的臣民是在嚴刑峻法下百依百順的奴才。李斯提倡的這套統治術，是脫掉一切偽裝的刑罰暴力萬能論，是一種公開以荒淫無恥為無上榮光的享樂論。它把新興地主階級代表人物的獨裁專制和殘忍無情不加掩飾地表達了出來。

昏庸的秦二世看了李斯的奏章十分高興，於是便更加嚴於督責。當時，「刑者相伴於道，而死人日成積於市，殺人眾者為忠臣」。二世得意地說：「像這樣，才能稱得上善於督責了。」李斯的督責之術沒能使他長保富貴，同時對秦王朝正趨惡化的各種矛盾不啻是火上澆油，因為他不但把秦二世的恣睢殘暴推向了極端，也把秦王朝推向了絕路。

善於窺測方向的趙高看到李斯向二世上督責之術，深恐他奪己之寵。於是，趙高便和幾個心腹密謀，欲置李斯於死地。

一天，趙高愁容滿面地對李斯說：「近來關東強盜風起，而皇上卻不以為意，仍然急徵徭役，修阿房宮。我多次想勸勸皇上，但自感人微言輕，說了也無濟於事。丞相為什麼不去勸勸呢？」聰明絕頂的李斯聽了這番話，竟也不知是計，很快陷入了趙高設下的圈套。後來趙高總是在二世歡宴正樂的時候，通知李斯進宮奏事，以致胡亥極不情願地中斷玩耍，驅散宮人。李斯一次次地進宮求見，使這位皇帝終於怒不可遏：「我平日空閒，丞相不來；每次我玩得正開心，丞相就到。這分明是欺我年少，藐視寡人！」趙高乘機添油加醋地說：「陛下，您可要當心呀！沙丘之事，丞相參與策劃，事後未得賞官加爵，他必是一心想裂地稱王！丞相的大兒子李由為三川郡守，陳勝、吳廣一夥盜賊路過三川時，郡守也不出兵進剿。陳勝、吳廣那一夥，都是丞相老家那一帶的人，據說郡守還與這股叛軍暗中有來往呢！況且，丞相位高權重，親信遍布朝野。這是很危險的呀！」趙高的話，猶如利劍長槍，直刺李斯。胡亥聽後似乎恍然大悟。李斯居然敢通敵謀反，他決意對李氏父子嚴加治罪。

李斯聞狀，知無退路，只得立即給皇帝上書，揭發趙高，說他劫君亡國、無恥反覆、貪慾無厭、求利不止，是個危險人物。但此時二世對趙高恩寵正深，認為趙高精明強幹，忠心耿耿，無可懷疑。二世還把李斯的話告知趙高。於是趙高哭訴道：「丞相所恨，唯獨趙高。我一死，他就可以為所欲為，弒君造反了！」秦二世一聽，頓時暴跳如雷，立即下令將李斯逮捕入獄，交趙高嚴加審訊。

李斯以為自己有功於二世，實無謀反的企圖；又自負辯才，希望上書二世，以求恩赦，出獄重享富貴。他奮筆疾書，給二世寫了一封長信：「臣作為丞相，治理國家三十多年。原先秦地狹隘，先皇時秦地不過千里，兵數十萬。臣盡薄才獻謀略，謹奉法令，派遣謀士遊說諸侯，又發展軍隊，整飭朝廷，賞功罰過，國力大盛，終於掃滅六國，一統天下，尊秦為天子，一罪也。開拓疆土，北伐匈奴，南征百越，以張秦強，二罪也。重賞功臣，讓他們熱愛國家，盡力為國效力，三罪也。立社稷，修宗廟，以示皇帝英明，四罪也。統一度量衡，公布天下，以明秦的建樹，五罪也。治交通，巡遊全國，以見我主之威德，六罪也。緩刑薄賦，收拾民心，擁戴君王，死而無忘，七罪也。像我這樣，早夠死罪了。先皇不棄，盡臣之力，所以還能活到今天。願陛下明鑑。」這封上書正話反說，歷敘自己入秦以來輔政治民的七大功績，希望借此感動二世。

但這封上書卻落到了趙高手中，他惡狠狠地說：「囚徒安得上書！」趙高立即讓人毀掉此書，同時選派心腹黨羽，裝扮成御史、謁者、侍中，假借聖旨，輪番刑訊李斯。李斯一說實話，立即報以無情鞭打。一次比一次更為嚴酷的刑罰，使李斯澈底絕望了，只得甘心誣服。後來秦二世真的派人來審訊李斯了，以核實口供。李斯這時已遍體鱗傷，再也沒有勇氣為自己辯白了。他害怕說了真話又像以往那樣遭到毒打，於是只得承認「謀反」屬實。供詞一上去，二世大喜道：「如果沒有趙君，我險些被李斯出賣！」而三川郡守李由也已被項梁率領的楚軍所殺，死無對證。趙高聞訊，趕緊暗約使臣密議，編造了一份假報告，說李由擁兵叛變，已經依法就地誅殺。於是經二世批准，把李斯「具五刑」、「夷三族」，腰斬咸陽。

秦二世二年（西元前二〇八年）七月，京師咸陽警戒森嚴，氣氛異常。大牢門外，全副武裝的士兵分列兩行，刀槍林立，如臨大敵。一會兒，獄卒從死牢裡牽出了一批又一批犯人，男女老少，什麼樣的人都有，為首的欽點要犯正是前丞相李斯。此時的李斯感慨萬端，他意識到自己的生命旅途已走到了盡頭，一生追求建功立業，意欲永保富貴，卻不料得而復失，落得如此悲慘的下場。臨刑之際，李斯看著次子，老淚縱橫地說：「從前在家鄉上蔡，我帶著你同出東門，手牽黃犬，獵兔取樂。今生今世再也不可能有那種事了。」說完，父子抱頭痛哭。一代名相李斯就這樣退出了歷史舞台。

次年，趙高殺掉秦二世，立子嬰繼位。不久，趙高又被子嬰殺掉。子嬰在位僅四十六日，劉邦便率軍進逼咸陽，他只得出城投降，從而宣告了秦王朝的滅亡。

綜觀李斯的一生，作為一個傑出的新興地主階級政治家，他的身上充滿著複雜的矛盾。在秦王朝建立之前，李斯積極擁護和支持秦王朝的統一大業，並為此做出了重大貢獻。但秦王朝建立之後，李斯逐漸走向其反面。他身為丞相倡行督責之術，施政更加殘暴，致使「天下苦秦」。秦始皇死後他又夥同趙高使秦二世繼承皇位，變本加厲地推行暴政，終於使人民揭竿而起。其種種倒行逆施大違民心，嚴重破壞了社會生產力的發展。因此，儘管李斯的結局十分悲慘，但千百年來從未引起人們的同情與憐憫。他以自己的智謀幫助秦王朝統一了全國，但卻未能使這種統一得到鞏固。他個人事業的成敗幾乎與秦王朝的興亡相始終。他智謀有餘，但節操不足，終因阿附趙高而身被五刑。

本文主要資料來源：《史記》卷八七，〈李斯列傳〉；《史記》卷五，〈秦始皇本紀〉；《資治通鑑．秦紀》。

助項羽稱霸天下　遭遺棄功敗垂成

范增傳

蔣海升

秦末漢初之際，在風雲變幻的政治舞台上有一位以老智星形象為人所熟知的謀士——范增（西元前二七七年~西元前二〇四年）。他因參與導演歷史話劇鴻門宴而聞名於世。然而又正是這位人情練達、世事洞明的謀臣，其最終的結局卻是懷著滿腔憂憤，悽悽惶惶地仆倒於黃塵古道，猶如晨星夕照，稍縱即逝，在史書上寫下了黯淡的一頁。由他輔佐而得以稱霸天下的項羽後因不用其謀，錯過良機，最後演出了「霸王別姬」的悲慘一幕。民間俗語「霸王不聽范增語，十萬江山一腳蹬」，一語道破了范增對於項羽的重要性。作為謀臣中的悲劇人物，范增的經歷不能不給後人留下許多耐人尋味的思考。

一、老翁薛城初獻策

秦掃滅六國，一統海內，卻又因其暴政而導致天下大亂。秦二世元年（西元前二〇九年）七月，戍卒陳勝、吳廣在大澤鄉（今安徽宿州東南）揭竿起事，發動了中國歷史上的第一次農民大起義。一夫作難，豪傑並起，天下風從。各地反抗秦王朝暴政的星星之火迅速形成燎原之勢。同年九月，原楚國舊貴族項梁偕其侄項羽誅殺會稽（今江蘇蘇州市）郡守，召集該郡八千子弟兵，響應陳勝，舉起反秦旗幟，迅速占領了吳中各縣。之後，項氏叔侄率八千精銳兵馬渡江北上，一路上收編了陳嬰、英布等多路起義軍，隊伍迅速擴展為六、七萬人的一支勁旅，屯兵於薛（今山東滕州市南之薛城），並在此地接受了劉邦的歸附。

這時，陳勝張楚政權派出的三路攻秦大軍皆已失敗，秦王朝的軍隊大舉反撲，首倡起義的陳勝不幸被車伕殺害。各路義軍失去了核心，群龍無首，形勢十分危急。

秦二世二年（西元前二〇八年）六月，項梁、項羽獲悉陳勝遇害的確切消息後，在薛城召集了一次由各路起義軍領袖參加的會議，共謀反秦大計。由於項梁、項羽一軍力量強大，又取得了對秦軍作戰的一系列勝利，因而項梁、項羽就成了各路義軍眾望所歸的領袖。在義軍受挫的關鍵時刻，一位七旬老翁范增飄然而至，前來獻策。他是居鄛（今安徽巢縣）人，一向家居，熟知文韜武略。作為故楚遺民，他常常痛惜楚國之敗亡，久懷復國之心，此時不惜以衰老之軀，趕赴薛地，為項梁、項羽籌劃。

范增見了項梁、項羽，對他們說：「陳勝失敗理所當然，沒有什麼稀奇。秦國消滅六國，楚國最為無辜。自從懷王被騙入武關扣作人質，死而不能返故國，楚地人至今猶對他懷念不已。所以南公先生有言：『楚雖三戶，亡秦必楚。』現在陳勝首先發難，不去找一位楚國王族後裔當王來號召天下，卻立自己為王，所以氣勢不夠深厚，不能長久。將軍您起兵江東，楚地豪傑爭相歸附，是因為您家中幾世都是楚國大將，最有資格復立楚國。」

范增提出再立楚王的建議雖摻有灰淡的復舊色彩，但在當時的環境下有其積極意義。因為自西周以來，貴族等級制根深蒂固，它雖在戰國和秦王朝時期遭到嚴重破壞，但在觀念上仍然深藏於人心。找一個舊國君的後代立為王，不但可以利用其傳統的影響力號召民眾，而且能使分散的起義軍有所依附，形成新的力量中心。號令統一，有利於反秦事業的發展。舊亡靈的衣袍往往具有超現實的強大威力，這也是中國古代政治、軍事鬥爭的一大特色。

項梁、項羽聽了范增的一席分析，十分佩服他的見解，就採納了他的建議，馬上去尋訪楚王後裔。結果從民間找到了一位名叫心的牧羊人，據說是楚懷王的孫子。項梁、項羽等便立他為王，仍稱楚懷王，作為反秦勢力的「共主」。這一舉措對舊貴族果然有一定的凝聚力。楚懷王坐鎮盱台（今江蘇盱眙北），名義上是最高領袖，實際上項梁、項羽操縱了各路起義軍的實權。薛城會議還決定，統一戰略部署，全力反擊秦軍。這次會議增強了項氏叔侄在政治上的地位，在一定程度上協調了各路起義軍的行動，大大提高了起義軍的作戰能力，使起義軍開始從陳勝的失敗中重新振作起來。范增在這次會議上起了關鍵的作用。

二、隨軍征戰多立功

薛城會議後，反秦起義軍聲威復震，趙、燕、魏、韓、齊等各國舊貴族都在各自故國的土地上高樹起反秦旗幟。項梁一軍經過數日休整，士氣極盛，數次與秦軍交鋒，屢破秦大將章邯，聲勢大震。可惜的是幾次勝利使項梁不再把章邯放在眼裡，他在親自率軍攻打定陶（今山東定陶縣）時，由於驕兵輕敵，被章邯打了個措手不及，兵敗身死。正分兵西線進攻陳留（今河南開封縣）的項羽和劉邦聞訊，頗為震恐，急忙撤兵至彭城（今江蘇徐州市），縮短戰線，取自保之勢。但章邯並未乘機追殲楚軍，而是移師北上，攻打趙國。幾次爭戰，攻陷趙國首都邯鄲（今河北邯鄲市），趙王歇被迫退守孤城鉅鹿（今河北平鄉縣），急向楚懷王求援。

秦二世二年（西元前二〇八年）末，楚懷王召集軍事會議，商討戰略部署。項羽要求與劉邦共同入函谷關滅秦。一些老將認為項羽剽悍殘暴，不宜入關。他們共同規勸懷王不可答應他。最後懷王決定分兩路伐秦：一路以宋義為上將軍，號卿子冠軍，項羽為次將。范增因跟隨項羽在南征北戰中屢出奇計，立下大功，很受器重，被任命為末將，隨宋義、項羽率楚軍主力渡河救趙；一路由劉邦收編陳勝等被打散的部下，向西挺進，直攻秦都城咸陽所在地關中。懷王與諸將約定，誰先攻入關中，將來就由誰做關中王。

項羽對這種部署十分不滿。宋義本是項梁麾下的謀士，為人詭譎怯懦。定陶戰前，他曾勸諫項梁應重視秦軍，不可驕傲輕敵，表現了一定的軍事才幹。項梁死後，楚懷王在齊國高陵君的推薦下召見宋義，和他討論軍事，對他頗為欣賞，同時也不甘心受制於項氏，因此藉機擢升宋義為上將軍，位在項羽之上，意在削奪項羽的兵權。項羽自是十分窩火，決定伺機翦除宋義，奪取兵權。大軍進發到安陽（今山東曹縣東南，非今河南安陽），逗留了四十六天，不再往前。項羽催促宋義趕快率兵渡黃河救趙，但宋義卻想坐山觀虎鬥，坐收漁翁之利。那時，天正寒冷，又遇大雨，士兵又冷又餓，軍心不穩。作為這支部隊末將的范增心裡清楚，宋義不顧國家安危，不恤士卒之苦，專心營私，非社稷之臣。而項羽頗有英雄氣概，也有一定謀略，不應受制於宋義。他向項羽建議乘機除掉宋義，二人一拍即合，商定了行動計畫。十一月軍營朝會，項羽趁拜謁宋義的時機，在虎帳中將他殺掉，把人頭拿來示眾。聲勢所及，諸將恐懼，無人敢表示異議，一致推舉項羽代理上將軍。楚懷王接到報告，對項羽擅殺主將十分不滿，但木已成舟，只好正式任命他為上將軍，全權指揮對秦的作戰。

項羽、范增掌握了這支精銳武裝的統帥權，立即揮師北上，救援鉅鹿。當時秦軍眾多，士氣正盛，楚軍中不少人有膽怯心理。范增向項羽建議，要想取勝，就要表現出必勝的信心。章邯一軍是秦軍主力，此戰對雙方的生死存亡都十分關鍵。項羽聽了范增的分析，深以為是，於是在率軍渡過漳河後命令士兵們把渡河的船鑿沉，將飯鍋砸碎，只帶三天乾糧，以示拚死挺進的決心。正如范增所料，大軍一到鉅鹿，士卒們個個以一當十，表現得非常勇敢。結果九戰九捷，招降了章邯率領的數十萬秦軍主力，迅速扭轉了整個戰局。鉅鹿之戰是導致秦王朝最終滅亡的關鍵之戰，項羽和他統帥的這支起義軍立下了巨大功勛，而范增在激勵士氣上所起的作用也是功不可沒的。

鉅鹿大捷使項羽威信大增，各國歸附，軍隊均由他統率。項羽平定了黃河以北，率領各國軍隊四十萬，鼓行而西，直奔函谷關。

這一時期，范增不顧年老體弱，緊緊跟隨項羽南征北戰，參與了一系列重大軍事策略的制定，為誅滅暴秦立了大功，深得項羽敬重。項羽平時都不直呼其名，而是尊稱他為「亞父」。

三、鴻門苦心付流水

由於秦軍主力被項羽的軍隊吸引並消滅在黃河以北，劉邦向咸陽進軍的道路就減少了很多阻力。在項羽和范增率軍轉戰南北、所向披靡的同時，劉邦的軍隊也頻傳捷報。秦二世三年（西元前二〇七年）九月，劉邦軍攻克武關、藍田，大破秦軍。次月，秦王子嬰出降，秦朝滅亡。劉邦便搶先占據了地勢險固、富甲天下的八百里秦川。他接受謀士鯫生的建議，派兵把守住函谷關（今河南靈寶市北），企圖以武力阻止其他人入關，獨占關中。

漢高祖元年（西元前二〇六年）十一月，項羽率軍抵達函谷關，孰料關門緊閉，不准入內。項羽十分憤怒，一舉攻陷函谷關，揮師進入關中，於十二月抵達戲水西岸。劉邦此時駐軍霸上，他的部下左司馬曹無傷被項羽的陣勢嚇破了膽，派人向項羽密告說：「沛公想在關中稱王，任用子嬰為宰相。金銀財寶全被沛公占有了。」項羽聞言更是大怒，下令第二天早晨犒勞士兵，準備向劉邦發動攻擊。

反秦的各個集團和派別之間的矛盾實際上從一開始就存在。在秦王朝未滅亡時，他們之間尚還能維持鬆散的聯盟，矛盾基本上沒有爆發。可是等到秦王朝滅亡後，各集團都想爭奪最高統治權，新的較量就在所難免了。由於項羽和劉邦是當時兩個最大的軍事集團，因而鬥爭便首先在他們之間展開了。

在新態勢、新對手面前，范增作為項羽的主要謀臣，及時覺察到劉邦的遠大志向，判斷出對項羽構成最大威脅的就是劉邦。他勸項羽道：「劉邦在山東（崤山以東）時，貪財好色，現在他進了函谷關，卻一反常態，對財寶不再奪取，對美女也不再愛戀，看來他的志向不小。我曾經派人觀看天象，在他營寨上空的雲霞氣流都呈龍虎形狀，五彩分明，那是一種只有天子頭上才有的氣流。應趕快派兵攻擊劉邦，把他打垮，可不要延誤了時機！」

范增所論雖有迷信色彩，但還是頗有政治眼光的。如果此後項羽不再更改主意，恐怕這段歷史就要重新改寫。

這時，項羽擁兵四十萬，駐紮於新豐鴻門，劉邦只有十餘萬人，駐紮在霸上（今西北市東）。兩地相距只有二十公里。劉邦眼看就要面臨滅頂之災。就在此時，項羽的叔父項伯洩露了軍事機密。他與韓國舊貴族張良有至深的交情。他知道張良正在劉邦營中，深怕兩軍一開戰，張良有生命之憂，便連夜騎馬奔馳到霸上，找到張良，要張良趕快隨他離開這裡。張良裝出顧念情義的樣子說：「我奉韓王命令送沛公入武關（今陝西省商縣），現在沛公有急難，我私自逃離是不義的行為，我不能不把這件事告訴他。」張良於是入內，把事情全部告訴了劉邦。劉邦聽了，嚇得魂飛魄散，不知該如何才好。張良勸他去見項伯，申明不敢背叛項羽之意。劉邦按著張良的授意來見項伯，顯得十分親熱，又是奉酒祝福，又是約為兒女婚姻，然後又裝出一副懇切的面孔發誓說：「我自攻入武關之後，像毫毛那樣細小的東西都不敢沾染，只知道把官吏和百姓都登記造冊，把府庫封存保管起來，專等項將軍到來。我之所以派將士把守函谷關，是為了防備其他盜賊出入和發生意外。我日夜盼望項將軍早日到來，哪裡敢反叛呀！希望您千萬跟項將軍解釋，我劉邦絕不敢忘恩負義！」項伯被劉邦偽裝的誠心感動，他答應在項羽那裡為他解釋疏通。臨走時他叮囑說：「你明天早晨不可不早早地親自來向將軍認錯道歉。」劉邦急忙答應。於是項伯又連夜回到軍營，把劉邦的話轉告給項羽，並趁機替劉邦說些好話。項羽此人在戰場上有萬夫不抵之勇，但是性躁心慈，經不住三句好話，便答應按項伯的意思辦，在鴻門與劉邦會見。范增聞訊，覺得這倒是個好機會。擒賊先擒王，乘機將劉邦除掉，其軍隊失去首領，即可一舉剿滅。他極力勸說項羽在會見時把劉邦殺掉，絕不可留此心腹大患。項羽也覺得此計甚妙。

第二天一大早，劉邦帶著張良、樊噲和百名騎士來到鴻門，拜見項羽。一見面，劉邦便做出十分恭順的姿態，委屈地說：「我和將軍您合力攻打秦國，將軍在河北作戰，我在河南作戰，根本沒想到能夠先一步進關。在這裡得以重見將軍，真是三生有幸。我一向對將軍沒二心，誰知現在有小人從中挑撥，使將軍您和我有了隔閡！」項羽一聽，疑慮稍釋，順口說：「這還不是你的左司馬曹無傷說的。不是他說，我怎麼會這樣做？」當即命令在軍帳中大擺宴席，招待劉邦等人。

宴席上，范增頻頻給項羽丟眼色，並舉起身上佩戴的玉玦向項羽再三示意，要他當機立斷，趕快借此動手，殺掉劉邦。誰知項羽聽了劉邦一番好話，又念及多年征戰情誼，於心不忍，竟下不了手，對范增的暗示默然不應。范增見狀，心急火燎，趕忙到外面找到項羽從弟項莊，對他說：「大王為人心慈手軟，你趕快進去敬酒祝福，祝福完後請求舞劍助興，藉機把劉邦砍殺在坐席上！否則，你們將來全要被他俘虜了！」

項莊領命，帶劍入帳，為劉邦敬酒。敬酒之後，他說：「大王和沛公飲酒，軍中沒有什麼可以助興的，請讓我舞劍助興吧。」項羽同意了。於是項莊拔劍而舞，邊舞劍邊向劉邦座前逼近，伺機刺殺劉邦。項伯看出了項莊意圖，立即起來，拔劍與項莊對舞，護住劉邦，使項莊無從下手。席上氣氛驟然緊張起來。

在席上陪坐的張良一看大事不妙，急忙到軍營門外找到樊噲，要他趕快入內護衛劉邦。樊噲帶劍擁盾，闖入營帳，當著眾人的面義正辭嚴地譴責項羽。項羽理屈詞窮，無話可答，就讓樊噲隨張良同坐。劉邦戰戰兢兢，如坐針氈。過了一會兒，他靈機一動，藉口上廁所，趁機招呼樊噲一塊兒溜了出來。不一會兒，項羽派都尉陳平喚劉邦入席。劉邦魂魄欲散，在樊噲勸說下不辭而別，帶著幾個護衛由山間小徑迅速逃回軍中，只留下張良應付場面。張良估計劉邦騎馬將要回到軍中了，這才重新入內，到項羽面前委婉地道謝，說：「沛公不勝酒力，已經醉了，不能親自向您辭行了。他特命我向您獻上玉璧一雙，向亞父獻上玉斗一對。」項羽問：「沛公現在哪裡？」張良說：「聽說大王有意怪罪他，他已回軍營去了。」

范增眼見計謀失敗，又失望又惱恨，看看項羽無所反應，接過玉璧放在几案上，一腔怒火無處發洩，便把張良獻上的玉斗摔在地上，拔出劍來把它砍得粉碎，恨恨地說：「唉，這小子，不能和他共謀大事！將來奪取項王天下的一定是沛公，我們這些人將來都要當他的俘虜了！」這話明著罵的是項莊，實指項羽。項羽聞言，十分羞怒，強忍著未發作，但從此開始漸漸疏遠范增。二人關係從此出現了裂痕。

鴻門宴上項羽殺劉邦本來易如反掌，然而恰恰在這關鍵時刻，項羽卻優柔寡斷，喪失良機，放虎歸山，留下後患。范增空有良謀，卻也無可奈何，一番苦心盡付流水，令人扼腕嘆息。

四、協助項羽行分封

鴻門宴後數日，項羽引兵進入咸陽，下令屠城，殺降王子嬰，挖秦始皇冢，燒毀秦宮殿樓閣。凝聚著無數勞動人民血汗、閃爍著我國古代能工巧匠無窮智慧的阿房宮在濃煙烈火中化為灰燼。三月不滅的大火充分發洩了項羽對秦王朝的仇恨和報復心理。這是我國歷史上的一次重大政治火災，暴露了項羽集團的殘暴性和破壞性，反映了項羽在政治上的短視，使他很快失去了民心。對於項羽的屠城，范增雖極力諫阻，但項羽圖一時痛快，我行我素不肯聽從，結果造成巨大的破壞，鑄成大錯。當初劉邦入關時約法三章，深得民心，秦百姓爭相牽牛羊，擔酒菜，前來勞軍。現在劉項二人的舉措全然相反，勢必產生截然不同的後果。

項羽把咸陽毀壞得破爛不堪後決定率軍東返。這時有一高人韓生（一說蔡生）前來獻策。他說：「關中地區擁有險要的山川形勢，東有函谷關，南有武關，西有散關，北有蕭關，土地肥沃，在此建都，可以稱霸天下。」范增極力贊成這個建議，他勸項羽不可留戀江東故里，應在此建立基業。可惜這個頗具眼光的建議未被項羽採納。項羽懷戀故土，一心貪求表面的榮耀，回答說：「富貴不歸故鄉，好像穿著錦繡漂亮的衣裳在黑夜裡走路，怎麼能顯示榮耀呢？」韓生看到這是一個沒有大志的人物，說：「人們都說楚國人膚淺暴躁，沐猴而冠（沐猴，也稱獼猴，容易飼養馴服，可穿衣戴帽。但它畢竟還是猴，不能跟人相比），果然不錯。」項羽聞言，暴跳如雷，立即要烹殺韓生。范增見狀，急忙勸阻，但項羽不聽，將韓生烹殺。這使項羽更加失去了士人的支持。

關中地勢險峻，且是全國政治、經濟重心，放棄關中是一個極大失策，表現了項羽政治上的短視。他不僅把正確的建議拒之門外，而且還把真心誠意的諫議者殘酷殺害，更表明他只是一個缺少戰略頭腦的武夫。

項羽一入關中，立即派人向懷王報功請封。懷王卻回答說，依照先前約定，「先入定關中者，王之。」懷王不計軍事實績，仍欲如約行封，偏見之心顯而易見。他本是一塊為反秦鬥爭需要而立起來的招牌，現在他既不願充當項羽意志的工具，那他的地位和生命也就危險了。項羽大發雷霆說：「懷王是我們項家立的，沒有什麼功勞，還敢如此胡亂說話！」漢高祖元年（西元前二〇六年）正月，項羽毀約背盟，佯尊懷王為「義帝」，並以「古代稱帝的人，都擁有土地千里，住在河川上游」為名，下令遷義帝於江南郴城（今湖南郴縣）。不久又命人暗殺懷王於江中。范增雖極力抗爭，不讓項羽一意孤行，但項羽早就對懷王不滿，又覺得懷王這塊絆腳石是范增搬出來的，更是執意不聽，我行我素。

留懷王不足成大害，挾義帝以令諸侯，為己所用，更是有諸多好處。可惜項羽意氣用事，大失群臣之心，更為日後政敵的反叛留下話柄。項羽和范增自鴻門宴後，在許多重大問題決策上一再出現分歧，二人之間的裂痕越來越大，雖然尚未完全決裂，但已潛伏了極大的危機。

漢高祖元年二月，項羽傚效舊制，大行分封。他自稱西楚霸王，建都彭城（今江蘇徐州市），另封二十人為王、侯。其中七個侯王是已滅亡的戰國六諸侯的子孫，餘者也多是舊時將佐或權貴，還有項羽的親信故交。至於劉邦，項羽和范增都對他頗為疑懼，不願把有沃野千里和四塞之固的關中白白送給他，可是又不願承擔毀約的惡名。於是范增向項羽出主意說：「巴蜀（今四川省）道路艱險，從前是秦朝放逐罪犯的地方，我們可以借巴蜀也是關中土地的理由，把劉邦封在那裡。劉邦也不能說什麼。然後把關中分為三國，任命秦國降將為國君，把劉邦牢牢堵死在巴蜀的荒涼之地。」這話頗合項羽心意。他採納了范增建議，封劉邦為漢王，轄管今天四川省大部和陝西省南部的一些地方。另封章邯為雍王，轄秦故都咸陽以西土地；封司馬欣為塞王，轄咸陽以東直到黃河的土地；封董翳為翟王，轄地包括上郡（今陝西綏德縣）。

用裂地分封的辦法作為對那些立下功勞的將領們的酬勞有其客觀原因。在人們普遍懷舊的氣氛裡，項羽自覺不自覺地成為六國舊貴族的代表。他把春秋戰國時期列國分立的政治形式理想化，把分封看成建立和平安定秩序的靈丹妙藥。殊不知卻從此播下了日後各國紛爭的種子。四年後，當項羽自刎於烏江的時候，他才發現自己的願望實在是一枕黃粱。

在分封問題上范增負有多大責任？應當看到，范增所獻的分封辦法是不乏聰明之處的。當然，他沒有意識到大分封的危害而沒有反對分封，終究是他一生謀算中的一次失誤。但這是與主人公所處的歷史時代有關的，是時代的侷限，我們不能太苛求於前人。

五、忠心獻策遭遺棄

漢高祖元年（西元前二〇六年）四月，諸侯各回封地。漢王劉邦接受蕭何勸諫，暫時忍下一腔怒氣，西入巴蜀漢中。項羽也率大軍東歸彭城。但是剛剛過了一個月，新的戰鼓便又擂響了。

首先是手握重兵的齊貴族田榮起兵，占領了三齊。項羽率大軍北上平叛。八月，遠在西方的劉邦又乘虛而入，明修棧道，暗度陳倉（今陝西寶雞市），回師關中，一舉擊潰章邯、司馬欣、董翳。然後，又乘勝占領隴西、北地、上郡等地，把關、隴、巴、蜀、漢中的廣大土地聯成一片，取得同項羽抗衡的資本。三個月後，又出武關，揮師東進，沿途降魏王豹，虜殷王印，為義帝發喪，儼然以堂堂仁義之師討伐項羽。楚漢之爭正式拉開帷幕。

項羽聞知劉邦作亂，怒火中燒，但烽火四起，應顧不暇，他需要選擇一個主攻目標，是西攻劉邦，還是北擊叛齊？范增認為田榮不足為患，最大的威脅來自劉邦。他勸項羽先攻打劉邦。這是很有遠見的。但劉邦要了個花招，他派張良致書項羽說：「漢王只是為了得到應有的關中，絕不敢向東發展。」同時假意送上齊國串聯反楚的書信，指出：「齊國想要聯合趙國攻滅楚國。」以此來轉移項羽的注意力。

項羽果然中計，他沒有把范增勸他注意大敵劉邦的話放在心上，而是集中兵力，北擊田榮，再一次錯過了打擊劉邦的有利時機。

在這一時期，由於項羽不善用人，弄得自己眾叛親離。在他的隊伍中，本來容納著許多卓越人才，如韓信、陳平，均為中國古代屈指可數的奇才，可惜二人數次獻策，不得重用，只好先後逃離楚軍，投奔劉邦，成為項羽的勁敵，在楚漢戰爭中起了重大作用。在這些問題上，范增雖多有勸諫，但項羽已開始疏遠他，對他的建議不冷不熱，不置可否，更談不上聽從。劉邦乘機順利地出函谷，定河南，聯韓魏，並乘勢東下，一氣攻下了項羽的巢穴彭城。

項羽聞訊，如五雷轟頂。他這才大夢初醒，立即親率精兵三萬反擊劉邦，一戰將其擊垮。劉邦西退，項羽率大軍緊追不捨。雙方在滎陽（今河南滎陽市）展開拉鋸戰，在這裡對峙近一年。在此期間，原來已投靠劉邦的諸侯見漢軍屢敗，又紛紛叛漢投楚。項羽又截斷了漢軍的糧道，一時間形勢對劉邦很不利。

漢高祖三年（西元前二〇四年）四月，因漢軍久被圍困，糧草匱乏，軍心動搖，劉邦惶恐，提出以滎陽為界，以東歸楚，以西為漢，雙方休戰。

項羽想接受劉邦的建議，范增極力反對。他進諫說：「現在打敗劉邦非常容易。如果您放過劉邦，不消滅他，那就是放虎歸山，以後您後悔也來不及了！」

范增的建議自然是非常正確的。根據當時的形勢和力量對比，假使項羽能抓住機會加其餘勇，加緊圍攻，可望奪取滎陽，把劉邦打垮。

在這危急時刻，原來曾是項羽部下的陳平為劉邦獻上反間計。他瞭解項羽與范增之間的關係，認為可以從項羽身邊除掉范增。他說：「我觀察項羽為人，恭敬有禮，愛惜人才，那些廉潔好禮之士多投他而去。但他又太吝惜爵祿封賞，即使有功也不輕易給，眾多嗜利之徒就難為項羽所用，所以項羽手下最忠心、最耿直、從不阿諛的親信重臣，不過亞父范增、鐘離昧、龍且、周殷等幾個人而已。大王您如果能拋出數萬斤黃金，就可以挑撥離間他們君臣之間的感情，使他們上下猜忌。項羽這個人，天性多疑，容易相信讒言，他的心一被謠言所迷惑，必然疏遠自己的部下。時機一到，項羽沒了這幫謀劃之臣，我們漢軍乘那時候發動攻擊，就一定能打敗他。」劉邦聽了大喜，依計而行，交給陳平四萬斤黃金，任憑他隨意使用，不問他用到什麼地方。

陳平用重金僱用間諜，潛入項羽營中，發動謠言攻勢，傳播消息說：「以鐘離昧為首的一批高級將領，建立的功勞太多了，卻一直不能封王，心中十分不滿，聽說要跟劉邦合作，推翻我們項王，瓜分項王的土地。」這話傳到項羽耳朵裡，他果然半信半疑起來。他雖沒有殺掉鐘離昧等人，卻對他們不再像往常那麼信任。項羽還派了使節到漢營中暗察虛實。

項羽的使節來到滎陽時，陳平先叫人抬進上等的佳餚美酒，以招待貴賓的禮節給以盛情款待。問了幾句話後，卻佯裝吃驚，懊喪地說：「我原以為是亞父派來的使者，誰知卻是項王的人！」馬上吩咐手下把酒席撤下去，更換上一桌粗茶淡飯，把使者草草給打發了。

此計本來平平，但因項羽實在昏庸，竟然產生了奇效。當使者回到軍中，一五一十報告給項羽後，項羽果然對范增產生了懷疑。等到范增再催促對滎陽發動急攻的時候，項羽深恐其中有什麼圈套，偏偏不肯急攻，跟范增唱反調。

范增終於發現項羽對他產生了疑心，一腔熱血全涼了。他也不想一洗不白之冤，一被疑忌，立即惱羞成怒。他找到項羽，憤怒地說：「天下大事，成敗已定，請大王您好自為之吧！我身心交瘁，已無力為您再做什麼了。我請求討還這把老骨頭，退歸鄉里！」項羽巴不得早日排除這位整天唱反調的老頭，於是並不挽留，爽快地答允了他的辭官請求。

就這樣范增離項羽而去。他懷著滿腔憂憤，從前線返回彭城。一路上鬱悶成疾，背上疽瘡復發，抑鬱地死在途中。

項羽與范增是同命運的。隨著唯一謀臣的離去，戰局越發不可收拾，一步步走向窮途末路。而劉邦以謀取勝，越來越占上風。最後，項羽終被劉邦所敗。漢高祖五年（西元前二〇二年）十二月，項羽被困垓下（今安徽靈璧縣南），陷入四面楚歌的絕境，留下一曲霸王別姬的千古哀歌。最後他雖潰圍而出，卻因無顏再見江東父老，自刎於烏江（今安徽和縣烏江鎮）。

對於項羽的烏江自刎，歷史上曾有很多人表示惋惜。唐詩人杜牧〈題烏江亭〉詩中寫道：「勝敗兵家不可期，包羞忍恥是男兒。江東子弟多才俊，捲土重來未可知。」如果項羽不死，究竟有沒有捲土重來挽回局勢的可能？宋人胡仔在〈苕溪漁隱叢話〉中說得好：「項氏以八千人渡江，敗亡之餘，無一還者，其失人心為甚，誰肯復附之？其不能捲土重來，決矣。」這種論斷是頗有說服力的。

楚漢戰爭結束後，劉邦在一次酒宴上總結這場戰爭勝負的原因時曾說：「蕭何、韓信、張良，都是人中之傑，我能信用他們，這是我能取得天下的原因。項羽連一個忠心耿耿的范增都不信用，這就是他被我打敗的原因。」項羽失敗有多方面的原因，劉邦的總結雖不全面，但無疑是正確的。這也從側面反映了項羽成敗與范增的密切關係。

當然，就范增本身而言，也有不少缺陷。他雖能洞察形勢，頗有見識，但自恃忠直，以老輩自居，忽略了項羽的心理特質和地位的變化，指責多於說理分析，甚至語無避諱，犯主逆鱗，引起項羽對他的不滿，最終導致了二人關係的破裂。而他又不能選擇明主，三擇其主而仕。這不能不說是他自身悲劇的一個重要原因。范增空有一腔忠心，滿腹文韜武略，卻最終事敗身死，成為項羽政權的殉葬品。後人每讀史至此，總會再三嗟嘆，惋惜不已。

本文主要資料來源：《史記》卷十，〈項羽本紀〉；《漢書》卷三一，〈項籍傳〉。

「約法三章」定國策　慧眼識才終滅楚

蕭何傳

林紅

蕭何（西元前？年～西元前一九三年）和張良、韓信一起，被稱為漢初三傑，是中國歷史上的一個著名謀士。

一、襄助劉邦，沛縣起兵

漢高祖平定項羽，重新將分裂的國家統一起來，應當歸功於他的幾個得力助手，蕭何便是其中重要的一位。

蕭何是文臣，為漢高祖統一國家立下了豐功偉績，所以他雖然一直居守關中，沒有參與過攻城掠地，卻被封以食邑八千戶，比一些出生入死的將軍如樊噲等還要多。就這一點，劉邦手下諸將在分封之後憤憤不平，牢騷滿腹：「我等出入沙場，披堅執銳，多則百餘戰，少則數十戰，可以說是九死一生，而蕭何僅僅是一介書生，安居後方，舞文弄墨，未有汗馬功勞，怎麼功勞反倒在我們之上呢？」

劉邦對此發了一番既粗莽又發人深省的名言：「諸位將軍該知道打獵的事吧？行獵時，追殺野獸的是獵狗，而指示野獸隱藏蹤跡的是人。現今各位將領的功勞是獵取野獸，功同狗等；而蕭何是指示獸蹤，功同人等。並且各位是隻身跟隨於我，最多也不過是隨帶二、三人來，而蕭何則舉其家族數十人隨我南征北戰，此功不可沒。」

劉邦的這番話駁得諸將面面相覷，無言以對。由此，蕭何為劉邦統一中原所建立的功勛可見一斑。

蕭何，出生於今江蘇沛縣。青壯年時代，他便以精通文墨，為人寬厚而聞名遐邇。當他擔任秦沛令「主使掾」時，曾多次賙濟尚未發跡的劉邦。

劉邦年輕時由於落拓不羈，不拘小節，「好酒及色」，經常被人瞧不起，然而卻常常受到蕭何的器重。劉邦任亭長時，蕭何便經常幫助他。有一次，沛縣縣令的好友呂公大請客，縣中豪傑紛紛前去赴宴，而且都帶著賀禮錢。蕭何被邀為這次宴會的主管，負責收禮。規定凡送禮錢一千以下的人都坐堂下，送錢一千以上的才可以坐堂上。劉邦也去赴宴，謊稱送禮錢一萬，實際上他一個錢都沒帶。蕭何一邊向呂公取笑劉邦「劉季（劉邦排行三故名季）固多大言，少成事」，一邊卻不阻止他坐到堂上。劉邦因此大模大樣地坐到上座，表現得落落大方。在這次宴會上，呂公相中了劉邦，把女兒許配給她為妻，這就是後來的呂后。

蕭何還常常在經濟上資助劉邦，因為亭長職務的關係，劉邦常常被徵派到咸陽辦事，縣裡其他小吏都送劉邦三百錢作資奉，而唯獨蕭何經常破例給他五百。

因此，蕭何早期活動便與劉邦聯繫在一起，這就為他以後鼎助劉邦以成帝業奠定了基礎。

因為蕭何辦事有魄力，在同仁中表現出非凡的理事能力，因此被當時的秦政府所看重，升任他為泗水郡（郡治在今安徽濉溪西北）卒史。在泗水任職時又因為辦事有方略，考核時名列第一等。因此被郡監察御史上報秦朝中央政府，準備再行提拔，但由於蕭何自己不願意，於是作罷。

秦二世元年（西元前二〇九年）秋，陳勝、吳廣在大澤鄉率眾起義，憤怒的反秦風暴迅速席捲中原大地。東南諸郡縣都紛紛殺秦官吏起兵響應。沛縣縣令害怕危及自己的身家性命，也表示要在沛縣組織武裝響應陳勝。此時劉邦早已聚集在芒碭山中（今河南永城北），受到沛縣許多青壯年的擁護。因此，蕭何和沛縣的另一個有權勢的縣吏曹參，對將要起兵的沛縣縣令說：「大人為秦朝官吏，現在想率領全縣父老兄弟背秦『造反』，恐怕老百姓不一定信任吧！到時如果百姓不聽你的號令，那可怎麼辦呢？不如把那些因抗秦犯法逃亡在外的豪傑之士召集回來，然後以此動員縣裡的人，這樣才會成功。」之後，蕭何、曹參自作主張，命令樊噲到芒碭山去迎接劉邦等數百人下山到沛縣。劉邦很快來到沛縣城外。不料當劉邦的隊伍來到時，沛縣縣令卻又反悔了，他命令部下把沛縣城門關閉，阻止劉邦進城；另一方面又派人搜捕主謀蕭何、曹參，準備把他倆殺掉。在這種危急的情況下，蕭何、曹參毅然決定越牆逃出城去，站到劉邦的一邊。在蕭、曹的幫助下，劉邦借用了沛縣人民的力量，殺了沛縣縣令，進入了沛縣縣城。又在蕭、曹的合力支持下，劉邦被擁立為沛縣起義武裝的首領，號沛公。

在劉邦起兵過程中，蕭何是主要策劃者，而且也是這次起兵的主要組織者之一。當時豐、沛一帶早已聚集著一批反秦勢力，例如後來成為劉邦開國功臣的樊噲，原就是沛縣「以屠狗為事」的下層反秦人士；後與劉邦成為莫逆之交的夏侯嬰，原為「沛廄司御」，後「試補縣吏」，是個下層小吏；後為劉邦封為廣阿侯的任敖，出身則為「沛獄吏」。這些人與蕭何都有較深的來往，而且都樂於受蕭何的指揮。所以劉邦的帝業，從一開始就滲透了蕭何的許多心血，沒有蕭何的鼎助，劉邦起兵是不可能獲得成功的。

二、入主咸陽，約法三章

劉邦稱沛公後，馬上任命蕭何為主丞，幫助料理日常政務、軍務。不久，陳勝、吳廣失敗被殺，但是起義的烽火，已燃遍整個中國。當時項梁、項羽及劉邦等人，同是楚懷王的將領。項梁死後，項羽率楚軍主力北上救趙，與章邯統率的秦軍主力酣戰中原。劉邦則率偏師西征，鬥力鬥智，很快過南陽，入武關，克嶢關，直逼秦都咸陽。漢高祖元年（西元前二〇六年）十月，沛公大軍進駐霸上，秦王子嬰素車白馬，頸繫組綬，帶著皇帝的璽印符節，在大路邊跪拜求降。於是沛公軍隊首先入咸陽，宣告了秦王朝的滅亡。

入咸陽後，許多義軍將領被秦都的繁華所震驚，紛紛攘攘，忙著搶占府庫良馬，瓜分金銀美女，就連劉邦本人也被勝利沖昏了頭腦，一頭栽進秦皇宮中，貪戀著金玉、狗馬、美人而捨不得離開。唯獨蕭何例外，對金銀財寶、宮室美女毫不動心，卻急如星火地趕往秦丞相御史府等衙門府第，收取律令、圖書、文獻檔案，細心地保藏起來。

作為一位主丞，在反秦事業取得勝利，可以藉機攫取財物以飽私囊之際，蕭何竟能表現得如此廉潔，在許多人看來，是很難理解的。對於蕭何這樣的政治家來說，考慮的恐怕不只是眼前的一點點名利滿足。蕭何出身下層吏掾，又親身經歷過秦末的苛政，對於秦王朝修宮室、建阿房、築皇陵，奢侈無度、勞民傷財的腐敗政治，自然有著深刻的印象。而對反秦風暴中，被逼造反的百姓殺秦吏、燒宮室，最終使這個貌似強大的腐朽王朝一朝覆滅的歷史教訓，他自然不會視而不見，也不會不加以深思。所以他才會在進入咸陽之時，能清醒地收藏圖書、檔案。在隨後爆發的楚漢戰爭及劉邦初創帝業的艱難時期，劉邦之所以能夠對天下大勢瞭如指掌，並迅速採取措施占領要塞、鎮撫百姓，全賴蕭何這一及時收藏圖書、檔案之功。

蕭何認為取天下在於得民心，所以他勸沛公不要滿足於眼前的勝利，應當安撫民心，才是長遠之計。於是，同年十一月，劉邦召集各地父老、鄉紳約法三章說：「關中百姓長期被秦王朝的酷政苛法所苦。我曾與眾諸侯在楚懷王面前約定，先進關中的就在關中稱王，現在我先進關中，自然就是你們的王了。我和眾位父老鄉親約法三章，『殺人者死，傷人及盜抵罪』。除此之外，嚴刑苛法統統廢除。各地百姓照舊安居樂業。」劉邦的這個約法三章雖然只是戰爭時期的臨時法律，但在安撫民心、穩定形勢、取得人民的支持和擁護等方面起了巨大的作用。為此當時的秦民都簞食壺漿以勞義軍。

但當項羽率領諸侯聯軍主力進駐關中，劉、項相會於鴻門宴後，形勢發生了急劇的變化。項羽不甘心讓劉邦獨占關中要塞之地，便廢棄楚懷王之約，自封為西楚霸王，把劉邦轉封於偏居西南的巴蜀，稱之為漢王；關中之地一分為三，讓秦之降將章邯、司馬欣、董翳在那裡為王，藉以阻止劉邦向東擴展。對此，劉邦非常惱怒，決心與項羽翻臉，手下大將樊噲、灌嬰、周勃也紛紛勸他不要屈服，於是劉邦決心與項羽決一死戰。在這關鍵時刻，蕭何卻頭腦清醒，力勸劉邦接受漢王稱號，他們之間曾有這樣一段對話：

蕭何說：「你不在關中，而是到漢中稱王，當然不是喜事，但是這比白白送死，不是要好些嗎？」

劉邦不解，問道：「怎麼會是『白白送死』呢？」

蕭何答道：「現在您的實力遠遠不如項羽，倘若貿然進擊，勢必百戰百敗，這難道不是白白送死嗎？《周書》中有這樣的話：『天予不取，反受其咎。』古漢也稱天河為『天漢』，而今上天把漢中這塊土地交給你，封為『漢王』，正是以『漢』配『天』的美稱啊！古代的聖賢如商湯、周武王，在形勢不利時，能暫時屈服於暴君夏桀、殷紂之下，而最終都登上了萬乘帝位。大王您還是先居漢中，好好安撫那裡的百姓，蒐羅賢才，利用巴蜀作為基地，在形勢有利時，再回師三秦，與項王爭奪天下。」

劉邦聽完蕭何的勸說，不禁如夢初醒，連連稱善，於是拜蕭何為丞相，率領軍隊進入漢中，開始了經營巴蜀以圖發展的事業。就這樣，在楚漢戰爭一觸即發的危機中，蕭何又一次挽救了劉邦的事業。後來的事實也證明，當時劉邦的決策是正確的。

三、扶漢滅楚，屢薦賢才

在楚漢戰爭期間，蕭何更為劉邦立下了非同一般的功勞。西漢末年的思想家揚雄曾這樣評論道：「蕭規曹隨，留侯劃策，陳平出奇，功若泰山。」「蕭規曹隨」指蕭何定規矩，曹參跟隨不變；留侯指張良；陳平是繼曹參之後的西漢宰相，他們都為西漢一朝的建立立下了巨大的功勛。那麼，蕭何都為劉邦建立的漢王朝定了哪些規矩呢？

第一，制定了一系列從民所欲的緩和的法律、賦稅制度。蕭何依據自己收集起來的秦朝遺存的法律、制度和圖書，制定了新的律令和減輕剝削的措施。他在劉邦「約法三章」的基礎上，重新整頓了秦朝的舊法條文，另立漢律九章。據歷史記載，新律起到了很好的效果。

第二，把關中地區建成楚漢戰爭中劉邦一方的穩固的後方和人力、物力的供應基地。楚漢戰爭剛開始時，劉邦的處境十分艱難，項羽的兵力是他的四倍，而且周圍還有前秦降將的監視，所以漢高祖二年（西元前二〇五年）四月的彭城（今江蘇徐州市）之戰，劉邦軍隊前後死傷達二十多萬人，「睢水為之不流」，項羽把劉邦的軍隊重重圍了三層，最後劉邦只剩下數十騎逃遁出圍，家屬卻被項羽所俘虜。但是後來劉邦最終戰勝項羽，這全靠蕭何在關中後方的大力支援。

楚漢戰爭一開始，劉邦就命令蕭何留守關中，讓他「收巴蜀，鎮撫諭告，使給軍食」，即留蕭何在巴蜀地區負責收斂賦稅，鎮守安定百姓，頒布法令，供給軍糧。蕭何身居關中，心繫天下，把治理關中看做是輔佐漢家創建帝業的大事，傾注了自己的全部心血。

他特別重視基本建設，曾在巴蜀漢中地區興建了一些城市，《水經注》稱，最古的沔陽（今陝西勉縣）城，就是蕭何留鎮漢中時修建的。這對於發展巴蜀經濟做出了重要貢獻。到關中後，他又在長安的未央宮立武庫以藏兵器，造太倉以藏軍糧，這些都是建設穩固後方所必需的。

蕭何在關中和巴蜀還幾次頒布有利於經濟生產的法令，從而減輕剝削，發展生產。劉邦也給予蕭何在關中最大的權力。蕭何在關中主管法令、宗廟、社稷、宮室、縣邑等一切雜務，凡有所奏，劉邦都批准執行，一時來不及上報的，劉邦也允許蕭何作主「便宜施行」，等劉邦從前線回來再加奏聞。這樣，蕭何在關中施政，便能發揮最大的能力，從而使得滿目瘡痍的關中，很快變為人丁興旺的富庶之地，可以源源不斷地為前方輸送充足的糧餉和壯丁。

漢高祖二年（西元前二〇五年）四月，劉邦於彭城戰敗。第二個月，蕭何就把關中所有能發動的兵力，包括老弱者全部送到滎陽，補充劉邦的軍隊，使漢軍「軍復大振」，取得了滎陽（今河南滎陽北）、成皋（今河南鞏義市東北）之戰的勝利。

西元前二〇三年，楚漢戰爭已歷時四年之久，實力雄厚的項羽，此時也陷入「兵罷食絕」的困境；劉邦的軍隊，卻由於蕭何「轉漕關中，給食不乏」而「兵盛食多」。劉邦越戰越強，逼得項羽兵敗東城，自刎而死。對於蕭何在兵員物資方面的支援，劉邦是深知的。所以在楚漢戰爭勝利後，劉邦即位論功行賞時，將蕭何列在首位。劉邦手下的一位大臣鄂千秋，在評論蕭何與大將曹參的功勞高低時，曾公正地指出：「楚漢相據五年，漢王失軍亡眾，隻身逃遁數次，都是靠蕭何從關中遣軍補其亡失，數萬兵眾召之即來。漢與楚在滎陽對峙多年，軍中無糧，也是蕭何及時轉漕關中，補其不足。這樣，才能使漢軍立於不敗之地，這是萬世不朽的功勞。」

蕭何在楚漢戰爭中的又一功勞，是給劉邦推薦了名將韓信。「蕭何月下追韓信」的故事，已成為千古美談。韓信是一位胸懷奇略的將才。他先後投奔項梁、項羽，但一直不被重用。劉邦入蜀，韓信便棄楚歸漢。經過漢將夏侯嬰的推薦，劉邦任命韓信為治粟都尉（管理糧餉的軍官），韓信眼看劉邦不肯重用他，在軍至南鄭（今陝西漢中市）時，便不辭而別，逃離了漢營。

蕭何曾與韓信見過數次，言談之間，發現韓信是當世奇才。一聽說韓信逃走了，慌急之中來不及向劉邦報告，就獨身飛騎追趕韓信而去。劉邦手下的人不知內情，便冒冒失失地稟告劉邦說：丞相蕭何逃跑了。劉邦聽了又驚又怒，如同失去了左右手，不知如何是好。過了一兩天，蕭何突然又出現在漢王劉邦的面前。

劉邦又喜又怒，大罵蕭何：「別人逃跑還可理解，你我知己已久，怎麼也要逃走，這究竟是為什麼？」

蕭何笑著說：「我不敢逃走，我是去追逃跑的人啊！」

劉邦急著問：「你追的是誰？」

蕭何回答說：「韓信！」

劉邦一聽，火又上來了：「逃跑的將領有數十人，你一個也不去追趕，卻要去追個小小的韓信，這不是騙人的鬼話又是什麼？」

蕭何坦然地反駁說：「想要得到諸將，容易得很，但是韓信，卻是國中無雙的奇士呀！大王您倘若只想在漢中為王，自然用不到韓信，但如果想爭天下，除了韓信外，那就找不到可以商議大計的將才了。何去何從，您瞧著辦吧！」

劉邦默然，說：「我當然要揮師東進，一爭天下，哪能安於久困此地呢？」

蕭何說：「您想爭天下，只有重用韓信，他才能留下為你所用；倘不能重用，他終究還會逃走的。」

劉邦無可奈何：「好吧，看在你的面子上，我就任命韓信做個將官吧！」

蕭何卻說：「即使任命他為一般將領，他也絕不會留下。」

劉邦讓步說：「那就乾脆任命他為大將，統率諸將，你看怎麼樣？」

於是劉邦就要下令召見韓信，拜為大將。這時蕭何又說話了：「大王您平時待人傲慢無禮，現在拜韓信為將，簡直就像叫喚小孩子一樣隨便，這正是韓信逃離的原因啊！您一定要拜他為將，那就必須選擇良辰吉日，齋戒設壇，用隆重的禮節待他才行。」

劉邦果然依從了蕭何。全軍將士一聽說要封拜大將軍，都很高興，人們紛紛猜測獲這殊榮的人是誰，但是到了登壇拜將的那天，才知道竟然是個毫無聲望的小人物韓信！全軍將士大為驚奇。拜禮完畢後，劉邦把韓信召到跟前，徵詢平定天下的方針時，才發現自己的確找到了一個不可多得的將才。

韓信和劉邦縱談天下形勢，提出養巴蜀之力以定漢中，然後並關中之力以東向爭天下的戰略設計，並具體說明了項羽雖強不足畏，三秦兵分易破的事實，這就大大發展了蕭何力勸劉邦入漢稱王的戰略思想，並在行動上做出了詳盡的計畫安排。於是，劉邦按韓信的策略具體部署軍事行動，最終完全擊敗了項羽。

四、宦海沉浮，九死一生

楚漢戰爭在漢高祖五年（西元前二〇二年）結束，又過了九年，漢惠帝二年（西元前一九三年），蕭何病死。在蕭何政治生涯的最後幾年中，主要致力於鞏固新建的漢王朝事業。漢初許多其他功臣像韓信（淮陰侯）、英布（英布）都以謀反罪被誅。唯獨蕭何、曹參能保其祿位，直至善終，以至名揚後世，成為萬代稱道的名臣，這的確是不簡單的。由此說明蕭何不僅能順應潮流，不斷跟隨時代前進，而且善於處理取得天下以後的君臣關係。但是在處理這種非同一般的君臣關係時，蕭何又有許多違心之舉，其中設計斬殺韓信便是突出的一例。

在消滅項羽，掃平群雄的統一戰爭中，韓信功勞最大，劉邦曾稱之為「人傑」。以韓信之才之力，如果有野心的話，早已聽從謀士蒯通之說，割土自立，那麼天下即非劉邦所有了。但是韓信並沒有這樣做。在天下統一後，劉邦對功臣的猜忌與日俱增，動輒誅戮。他曾將韓信貶為淮陰侯，軟禁在京師。韓信當然頗有牢騷。漢高祖十一年（西元前一九六年），陳豨反於趙，劉邦征邯鄲。這時，呂后與蕭何留守京師，她怕韓信在京師作陳豨的內應，很想把他除掉。正巧韓家有位門客得罪了韓信，韓信便把他囚禁起來準備殺掉，這位門客的弟弟便上書誣告韓信謀反。於是呂后決心採取行動，但又怕韓信謀略過人，黨羽眾多，萬一召而不至，反受其害。這時她想到了蕭丞相。蕭何是韓信的恩人，如果由蕭何出面相邀，韓信一定不會生疑。

於是呂后便把蕭何請到宮中祕密商議。蕭何早年曾力薦韓信，對韓信當然瞭解，他知道韓信有牢騷而無野心，說他「謀反」確實冤枉。但在君權與相權的矛盾中，他無法一碗水端平，而只能違背良心行事。因為只有維護君權，才能保住自己的身家性命。從內心來講，韓信畢竟是蕭何發現的，但現在在完成了歷史使命後，卻要由自己來給他送葬，蕭何的心裡並不平靜。但事已如此，無可奈何。況且韓信是諸臣中最有本事的一位，呂后要殺他，以便殺一儆百，制止叛亂戰火的蔓延，這對國家統一安定，或許能起到一定作用。

韓信視蕭丞相為自己的恩人，對他很敬重。這時蕭何騙韓信說，皇帝派使者送來陳豨已死的消息，現在滿朝文武正準備進宮慶賀。韓信推說有病，無法入宮。但蕭何曉以利害，說：「雖說有病，還是勉強去吧。以免日後皇上生疑。」有了蕭何的勸說，韓信便放鬆了警惕，放膽入宮慶賀。誰知進宮後，呂后早已埋伏武士，立即逮捕韓信，並且迫不及待地就在長樂宮行刑。

使用五刑除去韓信後，功高壓主的蕭何自己，便成了劉邦疑忌的對象。劉邦在征討陳豨的同時，一面派人傳令拜蕭何為相國，加封蕭何五千戶食邑；一面又派出五百士卒，充當蕭何的護衛。

實際上是監視蕭何的活動。

蕭何忠心為國，胸中本無異心，當然也猜想不到劉邦的用意。這時，朝廷官吏前來相府致賀，唯獨布衣召平以弔喪之禮進見。召平，原是秦朝的東陵侯，秦亡後隱居長安城東，以種瓜為生。他的瓜特別甜美，也稱「東陵瓜」。他對蕭何說：「相國您大難臨頭了！現在皇上作戰在外，你安守於內，沒有什麼大的功勞與危難，反而加官晉爵，備有衛隊，以我之見，這是因為韓信事件又進一步懷疑到你頭上了。置兵設衛，並非恩寵於你，而是暗中監視。希望您讓封不受，並盡量把家產私財捐獻出來，以助軍用。」一席話說得蕭何如夢初醒。他堅決辭讓了五千戶封邑，還拿出自己的全部財產，捐作軍費所需。劉邦非常高興，蕭何終於又渡過了一個難關。

一波未平，一波又起。當年秋天，淮南王英布反漢，劉邦親自率軍征討。他身在前方，卻多次派人探回「蕭何在長安做什麼」。蕭何如實報告說：「我還是像皇上征討陳豨謀反時那樣，勉勵百姓，盡其所有，支援軍需。」

這時，有人便來警告蕭何：「相國您就要有滅族之禍了！您位居相國，功稱第一。入關以來，深得民心，百姓依附。威信很高已有十餘年了，皇上之所以一再對您表示關懷慰問，主要還是怕您傾動關中啊！您為什麼不多買點田地，用賤價強賒，在百姓中留些壞名聲，讓皇上安心呢？」

蕭何治家素以節儉聞名，平時置田宅，只挑些窮僻之處，從不占民良田。就是蓋房，也不修高大的屋牆。他常對家人說：「我的後人倘若賢仁，就讓他們效法我的節儉吧；倘若不賢，豪門勢家也不會看上這窮田陋房以施欺奪。」而今，勸他賤價強賒民田，這實在有違他廉潔持家的本心。但是名聲越高，劉邦就越會猜忌他有野心，招致殺身之禍。這樣，蕭何只能採納這種「自汙」之計了。

劉邦在前方聽說蕭何強賒民田，不得民心，心中大喜。當他凱旋回京時，許多百姓紛紛攔道上書，控告相國欺負百姓，強行賤買民產。後來，蕭何進見劉邦，劉邦便把一疊控告信交給蕭何，對他說：「你身為相國，卻去與民爭利，現在你自己向百姓謝罪吧！」這樣，蕭何又闖過了一場危機。

但君權與相權的矛盾並沒有根本解決，劉邦的猜忌仍然存在。有一次，蕭何看到長安一帶耕地狹小，百姓缺衣少食；而皇宮的上林苑中，卻棄置了大片空地供養禽獸，於是他勸劉邦說：「請您讓百姓隨意到上林苑中墾種吧；不要再徵收禾稿充當獸食了。」

劉邦一聽，勃然大怒：「你自己多受賈人財物，卻為百姓算計我的上林苑！」當即命令廷尉給蕭何戴上刑具，關押起來。

幾天後，劉邦手下有位衛尉聽說蕭何被關押，便問劉邦：「蕭相國犯什麼大罪而鋃鐺入獄呢？」劉邦悻悻然地答道：「我聽說當年李斯做秦皇丞相時，好事都歸主上，壞事由自己承擔。現在蕭相國正相反，他收取賄賂，為民求取我的苑囿，這是收買民心，所以我要逮捕他治罪。」

衛尉說：「辦事忠於職守，只要對百姓有利，就捨身為之請命，這是宰相該做的事啊！陛下怎麼能疑心相國接受賄賂呢？想想您與項王相爭數十年，後來陳豨、英布謀反，陛下出征在外，蕭相國留守關中，關中稍有變故，這函谷關以西就不是您的天下了。蕭相國對這樣的大利尚且不圖，難道還會去貪圖人家的一點點賄賂嗎？秦始皇正是因為聽不到臣下批評自己的過失，一意孤行，才亡了天下。李斯就是能為主上分過，又何足效法！」

劉邦聽了雖然不是滋味，但心中想來，衛尉的話畢竟有道理，於是，當天就叫人把蕭何放了。

蕭何當時已是六十餘歲的老人，既經赦罪，還恭恭敬敬，赤著腳前來向劉邦謝恩。劉邦只好說：「相國快去休息吧！相國為民請苑，我不允許，說明我不過是夏桀、商紂那樣的暴君罷了。而你卻是賢宰相，我之所以要關押相國，就是要讓百姓知道我的過失啊！」劉邦的這番辯解，雖然言不由衷，但對蕭何的廉政為民，終於還是默認了。

劉邦的猜忌多疑，至死都沒有消除。蕭何憑藉著自己的智慧和非凡的業績，躲過了一次次災難。西元前一九五年，漢高祖劉邦病死。蕭何輔佐太子劉盈登上帝位，繼續為漢王朝效力。

漢惠帝二年（西元前一九三年），年邁的相國蕭何，由於長期為漢王朝操勞，終於臥病不起。病危之際，惠帝親臨病榻探視蕭何，並問他：「相國百年之後，誰可代替你呢？」

蕭何謹慎地說：「知臣莫如君，陛下自己決定吧！」

惠帝又問：「曹參怎麼樣？」

蕭何聽後竟掙扎起病體，向惠帝頓首說：「皇上得以曹參為相，我蕭何雖死，也無遺憾了！」這番不尋常的話表明，蕭何對於曹參的代己為相，抱有多麼誠摯的讚許和期望。蕭何與曹參曾同為沛公吏掾，有過很深的交情；又共同在沛縣協助劉邦起兵，都是劉邦的開國元勛。但到後來，兩人關係卻相處得不太和諧。據《史記．曹相國世家》記載，曹參攻城野戰之功甚多，而封賞卻每居蕭何之下，因此與蕭何「有隙」。但蕭何不計較這個，因為他知道曹參賢能，所以於病體垂危之際，還舉薦這位與己「有隙」的同僚為相，甚至為此向惠帝頓首，稱之為「死無遺恨」，表現了一代名相寬容大度，一切以大局為重的氣度。

曹參為相以後，「舉事無所變更，一遵蕭何約束」。漢初百姓在「清靜無為」的治理秩序中休養生息，西漢國力日益強盛，經濟蒸蒸日上。三年後，曹參病逝，百姓作歌稱頌道：「蕭何為法，講若畫一，曹參代之，守而勿失。載其清淨，民以寧一。」意思是蕭何制定政策法令，整齊劃一，執法公平。曹參代替了他，堅守不改，大家太太平平清清靜靜，人民得以安居樂業。百姓頌揚曹參之功，猶不忘追思蕭何之德，正表達了人們對這位漢初名相的長久敬仰和懷念之情。

本文主要資料來源：《史記》卷五三，〈蕭相國世家〉；《漢書》卷三九，〈蕭何傳〉；《史記》卷八，〈漢高祖本紀〉。

運籌帷幄之中　決勝千里之外

張良傳

朱廷柏

漢高祖五年（西元前二〇二年）二月，劉邦在漢初三傑的輔佐下，在汜水之陽（今山東定陶境內）即位，西漢王朝建立，並定都於關中（今陝西西安西北）。劉邦之所以能成帝業，這不僅要歸功於漢高祖的恢宏大度和知人善任，在極大程度上還要靠他部下的三位良輔：守有賢相蕭何，戰有大將韓信，謀有能臣張良。其中，張良作為劉邦的智囊，其思慮深沉的思想，積極務實的態度，更令後人推崇備至。王安石曾有詩云：「漢業存亡俯仰中，留侯於此每從容。」形象地道出了大謀士張良對漢業存亡的作用及其智謀和氣度。高祖劉邦對自己的功臣張良更是一言以蔽之：「運籌帷幄之中，決勝千里之外，吾不如子房（子房，張良字）。」後來蕭何飽嘗牢獄之苦，韓信更是被誅滅三族，獨張良無恙。由此可見張良的足智與多謀。

一、巧遇老翁，明投英主

張良（西元前？年～西元前一八九年），字子房，出生於戰國末期韓國的城父（今安徽亳縣東南）。他出身貴族，祖父兩代均為韓國國相。他從小就接受了非常正規傳統的詩書禮教。西元前二三〇年，即秦王政（始皇）十七年，韓國被秦所滅。當時，張良的父親張平已死，他像其他貴族一樣，失去了以往那種優越的生活條件。雖然家中仍有童僕三百餘人，但已是今非昔比。張良既為家道的破落而感到羞愧，更為韓國的滅亡而痛心疾首。他一心想為韓國復仇，胸中有一股難以壓抑的復仇怒火。西元前二一八年，耗盡了萬貫家產，收買了一個刺客，準備刺殺秦始皇。當秦始皇出巡至陽武博浪沙（今河南原陽東南）時，這位刺客手拿一百二十斤重的大鐵錘，阻擊秦始皇。結果擊中的卻是秦始皇的隨從。秦始皇憤怒異常，下令在全國緝拿元兇。張良不得不改名換姓，流浪到下邳（今江蘇省睢寧縣古邳鎮）。從此，張良便從一個初出茅廬的貴族少年，變成了十足的流浪兒。但是，他在下邳流浪的那段經歷卻使他受益匪淺，使他增長了許多見識，後來在輔佐漢高祖的過程中起了極大的作用。

下邳北部有一座山，陡峭異常，景色宜人。一天，張良散步到山下一橋頭，偶然看見一個白髮老翁。這個老翁故意把鞋脫掉扔下橋頭，卻向張良喊道：「小孩，下去把鞋給我取上來！」張良一驚，這個老頭真可惡，這豈不是故意侮辱自己嗎？張良很想揮拳教訓他一頓。由於落魄到此地，人生地不熟，經歷十分坎坷，他耐住性子沒有發作。繼而轉念一想，畢竟是個老翁，為他拾起來又有何妨？更何況他是故意將鞋扔下橋頭，說不定有什麼別的用意。張良於是便跑到橋下，不僅把鞋子拾起，並且態度和藹地給老人穿上，然後微笑著與老人告別。老人顯得很滿意，笑著走了。走了一段路之後，這個老翁又折回來，對張良說：「孺子可教矣！」並約張良五天後在這裡相會。到了第五天，張良按時於凌晨到橋頭時，老翁卻先在那裡等候了好長一陣，因而便訓斥張良道：「與老人約，為何誤期？五日後再來！」張良這次沒有任何收穫，但對老翁仍顯得很恭敬。又到了第五天，張良天未亮就去了，但又見老翁已先到，又遭老翁一番訓斥，並約五天後再見。又過了五天，張良索性於午夜去橋頭等候。過了一會兒，老翁才到。這次老翁顯得很高興，稱讚張良說：「年輕人就應該有廣闊的胸襟，這才能成大事。」老翁送給張良一本書，名《太公兵法》，乃無價之寶。原來，這老翁就是隱身山林的高士黃石公，也稱「圯上老人」。從此以後，張良便細心研讀此書，大有獲益，為以後幫劉邦出謀劃策奠定了堅實的基礎。在流浪的十年中，他憑著自己聰敏的天資及勤奮好學，深入到社會各個階層，洞察人民的疾苦，更增加了他對秦王朝的痛恨，堅定了他推翻秦王朝的決心。

西元前二〇九年，以陳勝、吳廣為首的農民起義軍揭竿而起，向秦王朝的腐敗統治發起了猛烈進攻。當時秦二世胡亥趁始皇駕崩之際，竊得皇位。各種政治風暴夾雜在一起，使當時政局更加混亂，秦王朝處於風雨飄搖之中。張良當時亦懷著滿腔的仇恨，召集起一百來人，扯旗起義，投入到秦末農民大起義的洪流中來。由於勢單力薄，他看自己難以獨立發展，便投奔在留地（今沛縣東南）稱王的景駒。走到半路，遇到在下邳一帶招兵買馬的劉邦。張良便停下來，數次向劉邦講解用兵之道，將《太公兵法》稱為奪天下治天下的指路明燈。劉邦亦每每能虛心接受，並採用了他建議的一些謀略。張良看到劉邦悟性很高，能成大事，於是就斷然放棄投奔景駒的打算，決定幫助劉邦打天下。正是這次特殊的際遇，使深通韜略的張良找到了用武之地。在劉邦的帶領下，他屢出良策，不失時機地進諫，而劉邦又從諫如流，故使他的才能可得到充分發揮，如魚得水。張良不負劉邦的器重和信賴，運籌帷幄之中，盡心輔佐，使劉邦的勢力一天天壯大起來。

二、智取宛嶢，先入關中

經過張良機智運籌，劉邦在不到一年的時間裡降了宛城，取下嶢城，比項羽早一步進入關中，開闢了一個比較好的軍事局面，從而在軍事上占據了主動。

秦二世二年（西元前二〇八年）六月，項羽擁立原楚懷王的孫子熊心為楚王，仍名懷王。同年九月項梁在薛（山東滕州市）召集了天下各義軍首領議事，張良陪同劉邦前往。儘管韓國已亡，但張良仍是念念不忘。他想趁天下混亂之機，恢復韓國故地，於是便向項梁提議，說韓國的公子韓成十分有才，「可立為王，藉以多樹黨」，有利於瓦解秦王朝的統治。項梁依議尋得韓成，立他為韓王，張良則被委任為韓王的司徒（相當於丞相）。張良和韓王依項梁之意，率千餘兵馬向西進軍，收復韓國舊地。但秦軍在此地的軍馬較強，他們時而攻取數城，又時而被秦兵奪回。韓王、張良便在潁川（今河南禹州市）一帶同秦兵周旋。

秦二世二年末，楚懷王命項羽、劉邦分兵兩路進軍秦都咸陽，並與諸將領約定，「誰先攻入關中，誰就做關中王。」由於張良、韓王已在潁川一帶開創了一些局面，劉邦便擬取道潁川、南陽，再從武關攻入關中。秦二世二年七月，劉邦率軍攻占潁川，便和張良、韓王合兵一處，接連攻取數十城。劉邦請韓王留守故都陽翟（韓故都，今河南禹州市），另與張良合軍率師南下。九月，劉邦率軍與秦軍大戰於南陽，逼使南陽太守退守宛城（今河南南陽市）。宛城易守難攻，劉邦滅秦心切，企圖繞過宛城繼續西進，直取武關。劉邦便問張良是否可行。張良與之分析道，第一，「今不下宛，宛從後擊，強秦在前，此道危也」。若是繞過宛城，直撲秦都，則會處於腹背受敵的困境，不妥；第二，當時劉邦兵少將寡，不足以與秦兵一決雌雄；第三，宛城乃秦一戰略要地，現在拔掉它，唾手可得；若留下，則貽害匪淺，此用兵之大忌。便建議劉邦，以出奇制勝的辦法攻取宛城。劉邦很虛心地採納了他的意見，立即撤旗換幟，悄悄返回，在黎明前已重重包圍了宛城。南陽郡守一看形勢不妙，便欲出城迎擊。這時劉邦的使者到達，正是來招撫的南陽太守，來安頓吏民。郡守一看有了活路，同時也感到秦王朝大勢已去，便馬上向劉邦投降。於是，劉邦就輕而易舉地取下宛城，解除了後顧之憂。劉邦奪得宛城之後，在郡守的幫助下，在宛城招募兵馬，充實糧草，壯大自己。宛城是個人口密集且富饒的地方，劉邦的軍隊很快便擴大到了兩萬多人，糧草也非常充足。這為劉邦以後的發展奠定了一個良好的基礎。劉邦更加感到張良是個難得的人才，對他言聽計從。

劉邦率領大路兵馬，繼續西進，所向披靡，在很短的時間內便攻下秦城十餘座。劉邦這路反秦義軍正春風得意時，北路的項羽正與秦大將章邯在鉅鹿激戰。章邯終於戰敗，他本人也投降了項羽。秦軍由於受到兩路夾擊，軍事支柱已被摧垮，其政權更是搖搖欲墜。這給劉邦向關中順利進軍提供了極好的契機。在張良的建議下，劉邦申嚴軍紀，每過之處均「禁擄掠，安生靈」，使秦守將紛紛投降。時至同年十一月，劉邦已率軍攻破武關，直撲秦朝腹地咸陽。同年十二月，抵達嶢關（今陝西藍田縣東南）。

嶢關依嶢山天險，是通往咸陽的咽喉要塞。因為它是保衛咸陽的最後一道關隘，秦軍在此駐有重兵，以防不測。由於越過此關不易，張良勸劉邦不可強攻，而為劉邦策劃了一個智取的計畫。嶢關守將是一個屠夫的兒子，胸無大志，唯利是圖。張良勸劉邦暫且在壁壘中按兵不動，讓一部人先行，增修五萬人的爐灶和用具，在山上多樹旗幟，虛張聲勢，作為疑兵，並令酈食其持重金去收買秦將。劉邦大喜，依其計而行之。秦將看到滿山是兵，一時不明虛實，先已畏懼起來，且又食戀財物，情願倒戈，許與劉邦合兵掩襲咸陽。

劉邦得知秦將中計，以其政治家的果斷，立即投袂而起，欲與秦兵聯合進關。張良卻以謀略家的深沉，勸劉邦趁機攻打秦兵。劉邦欣然從諫，引兵繞過嶢關，穿越蕢山，大破秦兵於藍田。並一直推進至灞上（今陝西西安市東），直逼秦都咸陽。

漢高祖元年十月，秦王子嬰戰守無方，只得乘著白馬、素車，攜帶印璽符書，開城出降。偌大的秦王朝從此滅亡。

三、諫主安民，鴻門侍宴

推翻秦王朝，只是劉邦奪取勝利的第一步。儘管如此，勝利也難免沖昏庸夫俗子的頭腦，連劉邦這樣傑出的政治家也難以避免。他初入秦宮，便聲色犬馬，貪圖享受。許多人對此心急如焚，便屢次相諫，然而劉邦卻避而不見。

張良想，要使劉邦放棄犬馬聲色，必須設法使之「心動」。於是，他巧妙地勸道：「以前秦王無道，沛公才得以走到今天這個地步。假若要想為天下除殘去暴，理應布衣素食。現剛剛進入秦地，便貪圖享受，豈不是『助紂為虐』！常言道：『忠言逆耳利於行，良藥苦口利於病。』願沛公能聽從眾人的話。」張良面似心平氣和，實則刺疼了劉邦的內心。劉邦本是開明之人，加上張良等人的口舌之勞，他終於封存了秦朝宮室、府庫、財物，還軍於霸上，以待項羽等路起義軍。

在此期間，劉邦集團還實施了一系列極有遠見的政治措施。他召集各縣父老，與之約法三章：「殺人者死，傷人及盜抵罪。」另外，又派人與秦吏一起巡行鄉土，讓百姓曉諭此意。這些安民措施，為沛公爭得天下、爭得民心奠定了良好的政治基礎。

秦亡之後，幾支反秦勢力如何分配天下權力和利益？圍繞這一問題，必然引起新的爭奪。其實，最有實力者要首推項羽，其次是劉邦。因此，正確處理同項羽的關係，就成為劉邦的當務之急了。

當項羽和劉邦進軍咸陽時，楚懷王曾立約：「先入關中者，王之。」懷王令劉邦取道南路，項羽取道北路。劉邦避開秦軍主力，很輕鬆地抵達咸陽，而項羽取道北路，與章邯所率領的秦主力展開一連串大戰。儘管他大敗秦軍，卻最後未能先劉邦一步入關，故心中十分怨恨，但也不便公開發作。

西元前二〇六年二月，項羽率領諸侯兵抵達函谷關（今河南靈寶市北）。有人向劉邦建議：「關西之富，勝過天下十倍，而且地形險要。如今章邯投降項羽，項羽封之為雍王，令他稱王於關中。章邯來，沛公恐不得占有此地。現應抓緊時機，派兵駐守函谷關，勿放入諸侯軍。然後徵集關中兵士壯大自己隊伍，以與項羽抗衡。」在張良不知情的情況下，劉邦誤用此下策，令守軍緊閉關門，扼守入關要塞。項羽得知劉邦先期入關，並閉門守關，不由勃然大怒，命令部下大將英布率兵破關而入，屯守在鴻門（今陝西臨潼東北）一帶。稍息幾日，便欲與劉邦一決雌雄。

張良與項羽的叔父項伯有舊交情。在項羽準備進攻劉邦的前一晚上，項伯悄悄地來告訴張良，讓張良一同與他離開。張良說：「沛公今有危難，私逃不義。」隨即把當前形勢一一告訴了劉邦。劉邦聞言大驚失色，心中想，自己與項羽實力懸殊甚大，無法抵敵。若硬與之爭，豈不正像以卵擊石？他問張良應如何應付。張良審時度勢，給劉邦出了個釜底抽薪的主意，讓劉邦告訴項伯，說自己不敢背叛項王，並要像兄長一樣對待他。張良出去，力邀項伯入帳見劉邦。項伯進帳後，劉邦一再進酒，口稱兄長，並結為兒女親家，然後委婉陳詞：「我入關後，秋毫不敢私取，籍吏民，封府庫，以待項羽將軍。所以遣將守關，意在防止亂兵出入，以備不測。我日夜盼望將軍，豈敢懷有二心。願兄長代為表白心跡。」項伯本無主見，又經劉邦和張良一番委婉解釋，便信以為真。他交待劉邦：「明日不可不早來謝項王。」他回到鴻門後，當真面陳項羽，說劉邦先攻入關中，乃立大功一件，為你入關鋪平了道路，若再攻之，實屬不義。項伯這樣一疏通，使原已劍拔弩張的局勢頓有好轉。

若挽救危局，鴻門之行可以說極為重要。劉邦、張良等人深知項羽為人殘暴、好殺，然而項羽做事並不十分果斷，而是優柔寡斷。此行之安危，實在無法預料。經過張良的精心策劃，決定深入虎穴，與項羽周旋。第二天，劉邦帶著文武眾臣百餘人親赴鴻門。他一見項羽，便主動地說：「我與將軍合力攻秦，將軍戰河北，我戰河南。不料我僥倖先入關破秦，得以在此復見將軍。今有小人進讒，致使將軍與我結怨。」這番話果然奏效，使氣氛緩和下來，很快便取得了項羽的信任。項羽隨後設宴款待劉邦。席間，項羽的謀士范增屢次示意項羽，要他下令殺掉劉邦。可項羽猶豫不決。范增便離開宴席，召來武士項莊，讓他以舞劍助興之名，伺機刺殺劉邦。項伯看出了范增的用意，便與項莊對舞，意在保護劉邦。張良一看情勢不妙，急召樊噲前來護駕，並告訴樊噲：「項莊舞劍，意在沛公。」樊噲聽後大急，忙手拿劍盾直奔帳下，怒目注視項羽，頭髮都豎了起來。項羽駭然，慌忙以酒相敬。樊噲一飲而盡。項羽問能否再飲，樊噲說：「臣死且不避，酒何足辭！當年秦有虎狼之心，肆意刑殺吏民，致使天下皆叛。懷王與諸將立約：『先破秦入咸陽者為王。』如今沛公先入咸陽，毫毛不敢有所取，封閉宮室，還軍霸上，以待大王。所以遣將守關，只是戒備不測。勞苦功高如此，未有封侯之賞，反信流言，欲誅有功之人。這是步秦的後塵，我大不以為然！」項羽一時被他慷慨激昂的言辭所震懾，無言以對，只好連連向樊噲讓座，樊噲順勢坐在張良的身邊。劉邦見自己又稍占了上風，想溜之大吉。他藉口「如廁」，即到廁所方便一下，由樊噲等人護駕，抄近路，從輕騎，趕回了自己的大本營。此時只剩張良一人在虎口與項羽等人周旋，張良估計劉邦已回軍中，才入席代劉邦辭別：「沛公不勝杯構，醉不能辭。謹使張良奉上白璧一雙，敬獻大王足下；另備玉斗一雙，敬獻范將軍足下。」項羽無可奈何，只好接受玉璧，放在座上。范增則拔劍砍碎玉斗，憤恨地說：「唉！豎子不足與謀！奪項王天下者，必為沛公，我輩必將成為他的階下囚虜！」但為時已晚，項羽也不便對張良洩憤，遂放張良返回。正是張良的足智多謀才為這次鴻門宴畫上一個圓滿的句號。

四、明燒棧道，聲東擊西

鴻門之行，劉邦虎口脫險，卻未能解除項羽對他的懷疑。漢元年正月，項羽恃強專斷，定都彭城（今江蘇徐州市），自封為西楚霸王，同時分封天下，共立了十八位諸侯。依照楚懷王原來的約定，誰先攻入關中，誰就做關中主，劉邦理應做關中王。但項羽卻把關中之地一分為三，封給了秦的三個降將，而把劉邦封為漢王，統轄巴、蜀兩地。劉邦對此自然憤憤不平，想起兵攻打項羽。文武眾將再三勸解，才暫時平息了一場風波。

由於張良功績卓著，劉邦送他許多珠寶。張良把這些全部轉贈給了項伯，托他為劉邦向項羽請求加封漢中地區。經過項伯一再勸說，項羽同意了張良的這個請求。這樣，劉邦駐南鄭（今陝西鄭縣東北），占據了秦嶺以南巴、蜀和漢中之地。這裡土質肥沃，物產豐富，然而由於自然條件的限制，交通十分閉塞，進出多有不便。這裡易守難攻，正是他積聚力量的好地方。

四月，張良送劉邦至褒谷（今陝西褒城）。沿途皆險山，到處皆懸崖，無路通，只有棧道凌空高架。這裡是自古以來的兵家必爭之地。張良深知此途重要，建議劉邦待漢軍過後，燒掉棧道，一則可以防備他人襲擊，二則消除項羽的懷疑，表示自己無東顧之意。這就是歷史上被傳為美談的「火燒棧道」之妙計。

經過一段時間休整，劉邦不久便暗度陳倉，平定三秦，其勢足以與項羽爭鋒。此時項羽聽說劉邦已吞併關中地區，大怒，馬上發兵進攻劉邦。張良連忙給項羽寫信道：「漢王失職，欲得關中；如約既止，不敢復東。」又把齊王謀叛之事告訴項羽，說齊欲與趙聯合起來滅楚。項羽居然相信了張良的話，以為真的無西顧之憂了，便把兵力集中到東部齊地了。這又一次為劉邦解除了一大危機。當時張良雖在韓王成身邊，但仍時刻為劉邦賣力。時隔不久，項羽感到韓王成不忠於自己，便殺掉了他。張良只好從彭城逃奔到劉邦那裡，被封為成信侯。

五、下邑奇謀，借箸劃策

漢高祖二年（西元前二〇五年）春，劉邦已收服了常山王張耳等五個諸侯，得兵五十六萬，力量大增。同年四月，劉邦率師伐楚，直搗楚都彭城。劉邦攻占彭城後，有點飄飄然起來，不像以前那樣勤於政事了。不料項羽回師猛攻，漢軍大敗而逃，幾乎全軍覆沒。劉邦僅帶幾十名騎兵僥倖逃出。至此，諸侯們便望風轉舵，紛紛背漢向楚，形勢頓時逆轉。

劉邦彭城慘敗後十分沮喪，狼狽逃竄至下邑，但並未泯滅與項羽一爭天下的雄心。張良這時也極力鼓勵他，不應以一次戰役就葬送了大志。劉邦對群臣說，將放棄函谷關以東的土地，讓給能與他共舉反楚大業的人。此時又是張良獨運匠心，想出一個利用矛盾，聯兵破楚的策略。他說：「九江王英布是楚的猛將，但他與項羽有私仇，彭越和齊王田榮在梁地造反，這兩人可以利用來解救當前的危急形勢。您這邊的將領中，只有韓信可以委以大任，獨當一面。你要想放棄關東的地方，就放棄給這三個人。如果能得到這三個人的全力合作，就可以打敗項羽了。」這就是著名的「下邑之謀」。

劉邦依計而行，立即派使者去遊說英布、彭越；同時又委託韓信北擊燕、代、趙、齊等地，以便發展壯大漢軍力量，迂迴包圍楚軍。不久，一個共同打擊項羽的軍事聯盟便形成了。這對扭轉楚漢戰爭局勢起了重大作用。

漢高祖二年五月，劉邦退至滎陽，招集餘部；蕭何也從關中補送來大批兵員和物資，漢軍復振。漢高祖三年初，項羽率兵包圍劉邦於滎陽，屢次侵奪漢軍糧食和援軍通道。漢軍糧食日益匱乏，漸漸難撐危局。這時酈食其獻計說：「從前商湯伐夏桀，封夏的後代於杞；武王伐殷紂，封殷人的後代於宋。而今秦人滅掉各國，消滅了六國的後代，使他們無立錐之地。大王如能恢復六國後代的王位，授給他們印璽，他們的君臣百姓一定都會感戴大王的恩德，仰慕大王的義行而歸附大王。這樣，你就可以面南稱霸，楚也一定會來朝拜您了。」劉邦深以為是。在酈食其未動身之前，張良知道了此事，趕忙勸阻，並隨手拿起一根筷子說：「往年商湯伐夏桀，之所以把桀的後人封在杞，是因為考慮到制桀於死命；現在大王你能制項羽於死命嗎？武王伐紂，封紂的後人於宋，是因為考慮到一定能取得紂的首級；現在您一定能得到項羽的首級嗎？武王進入殷都，命人表彰殷的賢人，把被囚禁的箕子釋放出來，又命人整修比干的墳墓；現在您能去整修聖人的墳墓，表彰賢者的里門，並到智者的門前致敬嗎？武王代紂以後，把紂封存在巨橋糧倉的糧食，儲積在鹿台的錢財，都拿出來賜給貧窮的百姓，現在您能把您倉庫裡的糧食和錢財都拿出來施捨給窮人嗎？伐殷的戰事結束後，武王把戰車改為普通車輛，把兵器都倒過來存入庫裡，以向天下人表示以後不再打仗，轉而從文，現在您能做到嗎？武王放牛到桃林塞北邊，向天下人表示不再運輸糧草了，您也能做到嗎？」劉邦一聽，連忙搖頭，表示做不到，並開始意識到自己與商湯和周武王時的歷史條件大不相同。接著張良又簡單地分析了一下六國所造成的危害。劉邦一聽茅塞頓開，並大罵了酈食其一通，下令將剛刻好的印璽全部銷毀掉，從而避免了一次重大的戰略失誤。

六、撫韓滅楚，勸都關中

自漢高祖二年五月起，漢王被楚王圍困於滎陽。韓信在北路卻節節勝利，勢如破竹。

漢高祖四年，楚軍用伏弩射中劉邦胸膛。劉邦在陣中「傷胸捫足」，即傷了胸膛卻去捂腳，大聲嚷道：「敵兵射中我的腳趾。」劉邦的機警騙過了楚軍，但胸部所傷，一時難以痊癒。此時韓信又盡取齊之地，遣使面陳漢王，請求自立為假齊王。劉邦聞之怒火中燒：「我被久困於此，你不但不來助我，卻要我立你為王！」張良連忙踩了一下劉邦的腳，對劉邦說：「我們正處於危急之中，不如使其自守，以防節外生枝。」劉邦的確詭譎多變，立即感到前言有失，於是改口怒道：「男子漢大丈夫，要做王就做真王，做什麼假王！」立即派人拿印綬去齊地，立韓信為齊王，並徵調韓信的軍隊擊楚。

這是個兩全之計，一方面穩住了韓信，另一方面又為日後圍擊項羽做了準備。

穩定韓信後，韓信、彭越在外圍襲擊楚軍。劉邦在張良的謀劃下，又收服了項羽的大將英布，使楚軍內患不斷，時間一久，「漢兵盛糧多，楚兵疲糧絕。」項羽恐懼不安，終於在漢高祖四年八月與劉邦講和，畫鴻溝為界，鴻溝以西歸漢，以東歸楚。

和約已定，劉邦想率師西歸。對劉邦爭霸天下的事業來說，這又是一個重要的轉折點。張良不愧為傑出的謀略家，他獻計說：「現漢已收復天下一大半土地，諸侯也大都歸附於漢；項羽之所以願立和約，是因為楚兵已極疲弱，不如趁機滅楚。若放棄此機會，即所謂，『養虎自遺患』。」劉邦恍然大悟，遂放棄了西歸的念頭，並約韓信、彭越合圍楚軍。韓信、彭越雖受封為王，卻未確定邊界，故不願在此時幫助劉邦攻擊項羽。張良深知其中奧妙，便向劉邦說明利害。漢王一心想擺脫自己的孤立處境，便把陳地從東至沿海的地盤劃封齊王韓信；把睢陽以北至谷城的地盤劃歸梁王彭越。不久，韓信、彭越果然率兵來援。此時項羽四面受擊，率兵退到垓下（今安徽靈璧縣南），被漢軍重重包圍。走投無路的西楚霸王項羽，也就在四面楚歌中戰敗，繼而於烏江自刎。這場歷時近五年的楚漢之爭，終以劉邦的勝利而告終。

漢高祖五年二月，劉邦正式稱帝。但定都何地，卻一度未決。劉邦想定都洛陽，不少大臣也主此議。而婁敬卻勸劉邦建都關中，並陳述關中地勢之險要。定都於何地是關係到國家安危的大事，張良也同意婁敬的主張，對劉邦說：「洛陽雖有些天然的險要，但它的腹地太少，方圓不過幾百里；況容易四面受敵，不利於防守。關中則左有郩函，右有隴蜀，南有富饒農產，北有大草原。此乃金城千里，千府之國啊！還是婁敬的主張正確。」聽了張良的分析，劉邦遂改變主意，定都關中。漢高祖五年八月，劉邦正式遷都於長安。

漢高祖六年正月，劉邦大舉分封功臣，張良被封為留侯。總共受封的約二十來人。其餘的人則沒有受封，便在一起竊竊私語。劉邦回宮時見到他們三五成群在一起，問張良他們談什麼。張良嚇唬他說：「他們正策劃謀反！」劉邦大驚失色。張良解釋道：「你起自平民，是這些人幫您打下了江山，而怕您不封他們，最後又怕被殺，因此聚在一起造反！」劉邦忙問該怎麼辦。張良反問：「您平時最憎恨的人是誰？」劉邦說：「那就是雍齒了。」張良說：「那麼您趕緊先封雍齒。群臣見您連最憎恨的人都封了，他們也就放心了。」於是劉邦擺設酒席，歡宴群臣，當場封雍齒為什方侯，並催促卿相御史們趕快定功行封。這使眾人皆大歡喜，從而避免了一場可能發生的動亂。

七、功成身退，再劃良策

張良輔佐劉邦入都關中後，群臣也按功受封，天下已大體安定。這時張良卻託辭多病，在家關門不出，修身養性。但作為劉邦的智囊，張良依然對國家的大事時刻掛在心上。漢初因戰火連綿，經濟凋敝，民不聊生。為鞏固新生的西漢王朝，張良勸劉邦安心治國，為經濟的復甦和發展提供了較好的條件。而在漢初消滅異姓王的殘酷鬥爭中，張良卻極少參與。在漢室的明爭暗鬥中，張良也恪守著「疏不間親」的遺訓。

漢高祖十年，劉邦想廢掉呂后之子，即太子劉盈，改立愛妃戚夫人的兒子趙王如意做太子。這引起了漢王朝一場新的政治危機。各大臣均出面勸說，張良卻不予置問。呂后萬分著急，便派呂澤去找張良：「你是皇上的謀臣，皇上對你言聽計從，現在要更換太子，怎麼能不管呢？」張良回答道：「從前，皇上聽從了我的計謀而安定了天下。現在皇上要更換太子，這是親骨肉之間的事，縱然有一百個大臣勸他，又有什麼用呢？」呂澤無奈，只得再三威逼，張良便想出了「商山四皓」的辦法。即把四個劉邦一向仰慕卻求之不得的隱士，作為太子劉盈的羽翼。呂澤向呂后報告了張良的主意。於是呂后依其計而行之，請來了四位隱士。劉邦見此情形，知劉盈羽翼已成，只好無奈地同意了呂后，答應不再更換太子，從而避免了漢王朝的一場政治危機。

漢高祖十一年七月，淮南王英布謀反。劉邦親自前去鎮壓，由劉盈代理朝政，並命張良輔之。

張良卻極少出來議事。此乃張良處世哲學的一個重要方面：功成名就之後，要急流勇退，及早抽身。在漢初，許多開國功臣相繼被誅殺，獨張良得以善終。他裝著沉迷仙道，不食人間煙火，顯得與世無爭，誰也不把他看成是漢王朝的威脅。直至漢惠帝六年，張良才病逝，成為中國歷史上少有的名節無損的謀臣。

本文主要資料來源：《史記》卷五五，〈留侯世家〉；《漢書》卷四〇，〈張良傳〉；《史記》卷八，〈漢高祖本紀〉。

六出奇計　匡扶漢室

陳平傳

晁興

陳平是我們中國歷史上一位著名的謀士。他雖然沒有被後人列入漢初三傑，但他卻屢以奇計輔佐劉邦定天下，輔佐漢文帝治理亂世。他的謀略思想，完全可以與漢初三傑之一的張良相媲美。他不如張良沉穩，但卻比張良多急智。張良、陳平二人都喜好黃老道家的學說，但他們在思想上卻又有很大的差異：張良晚年恪守「無為」之教，而陳平則終生銳意進取，頗具縱橫家的色彩。在蜿蜒起伏的人生旅途上，他巧妙地運用自己的智慧，奮力駕馭命運之舟，遇難而不困，有險而無危，終於建立了不可多得的豐功偉業。

一、違俗擇婚

陳平（西元前？年～西元前一七八年），是河南省陽武縣戶牖鄉（在今河南蘭考東北）人。小時候父母早逝，家境貧困，僅有薄田三十畝，和哥哥陳伯在一起生活。陳平小時候就很喜歡讀書，他專心研究黃老學說，探求治國之術。其兄陳伯為人寬厚仁慈，見他常常手不釋卷，知他是陳氏之大幸，總是自己埋頭耕耘，供養陳平無牽無掛地在外求學。

幾年之後，陳平已學有所成。但按照當時秦朝的法律和習俗，家庭貧困者很難被推舉為吏。因此，陳平長年碌碌，也沒有尋到如意的差事。陳平雖然家境貧困，但卻長相魁梧，是當地的一個美男子。嫂嫂見小叔子游手度日，天長日久，難免心生嫉恨。有一天，陳伯在田間耕作，陳平在家與嫂嫂一起吃飯。有個鄰居前來閒談，見陳平面色豐腴，身材高大，便戲語道：「陳平生在貧窮人家，整日都吃什麼東西，長得這般魁梧、白嫩？」陳平聽了紅著臉低頭不語。嫂嫂在一旁聽了，便冷言冷語地挖苦道：「他能吃什麼，只不過是裝了一肚子秕糠罷了！有這樣一位只吃飯不做事的小叔子，倒還不如沒有的好。」陳平聽了此話，更是羞得無地自容。不料這件事後來卻被哥哥陳伯聽見了，一氣之下，竟把妻子趕回了娘家。

光陰荏苒，陳平已到了婚娶年齡。當地有錢人家都不肯把女兒嫁給他這樣一位窮困潦倒的書生。而貧窮人家的女子陳平卻又看不上眼。所以，遲遲沒有定親，落得個高不成，低不就，始終未尋到合適的姻緣。

當時，戶牖鄉有一個富戶，名叫張負，他有個孫女曾經五次出嫁，而五次都死了丈夫。人們都紛紛說她剋丈夫，再也沒有人敢前去求婚。陳平一心只想找個賢內助，去做一番大的事業。所以，他竟破除封建忌諱，把陰陽生剋等等妄說置之不顧，暗打主意決計要娶張負的孫女為妻。

不久，地方上遇有喪事。陳平探知是張負主持其事，自己就去殷勤地幫忙。和別的人不一樣，他的幫忙方式是最先到卻最後離開。張負見陳平體貌奇偉，談吐十分得體，做事精明，從此便和他有了交往，有時候還到陳平的家中去走走。陳平的家住在靠城的一條偏僻的窮巷裡，背靠邑中圍牆搭起一座斗室，徒有屋壁三面，而且是有門無窗；門口懸掛著一領破葦席，用來做門，遮風擋寒。這是一個很普通很貧窮人家的情形。張負並不在乎這些。他是一個有心人，偏在不起眼的地方，看出了不平常的跡象：陳平家門外，有很多顯貴尊長的車軌痕跡。由此，張負認為陳平絕不是一個尋常之人。

張負回家之後，經過再三考慮，便對兒子張仲說：「我想把孫女許配給陳平。」張仲愕然地望著父親，問道：「陳平那樣貧窮，一向又不耕田、管家，從事生計，全縣人都恥笑他的所作所為，您為什麼偏要把您的孫女許配給他呢？」張負說：「哪裡有像陳平有才貌而又永遠貧賤的人呢？」張仲仍不太願意，便去問其女。其女俯首無語，但看她的表情似乎很願意。最後還是由張負做主、把孫女嫁給了陳平。因陳平家貧，就給他許多錢米，又送給他很多酒肉。孫女臨出嫁的時候，張負叮囑她說：「你不要因為他家裡窮而待他不恭，失掉婦道；待他的兄嫂要像對待父母一樣。」其實，不用祖父的諄諄教誨，他的孫女早已變得十分溫存、賢惠。大凡青年女子遭遇喪偶之禍，柔軟的心靈便刻下深深的疤痕。一旦再續嫁，會把男人看得更加珍重，擔心他冷熱失調，更怕他多病多災。更何況這女子五次喪夫，難得像陳平這樣體格魁梧、相貌俊美的男子。從此，陳平外得富翁舅資助，內有賢妻體貼，使他有了充足的費用，謀事的道路也越走越寬。

每個人都有自己的家庭，壞家庭摧毀過不少人才，好家庭卻是許多英雄建功立業的基本後盾。陳平正是看到了人生的這一重要環節，才決計要娶個富家孤孀，這正是他的機智之所在。凡偉大傑出的人物，既需要有志向、有膽識，又需要腳踏實地地向前邁進。在陳平的人生步履中，人們既可以聽到他那不同凡響的聲音，又可看到他那堅實的足跡。

陳平自娶張女，用度既裕，交遊自廣，就是鄉親，早已對他另眼相看。有一次，在戶牖鄉中的社廟，陳平做了主持分肉的人。他分配肉食非常恰當公平。為此，地方上的父老都紛紛讚揚他說：「好極了！陳儒生主持分肉，做得真不錯。」陳平本有大志，聽了這話，卻嘆息道：「假若我陳平能有機會來治理天下，定能像宰割分配這些肉食一樣稱職！」

我們可以看出，年紀輕輕的陳平，已看到了人世間的不均、不公平，並且立志要為天下的公平而努力。

二、出仕尋明主

秦二世元年（西元前二〇九年）末，爆發了中國歷史上第一次大規模的農民起義：陳勝、吳廣起義，並建立了「張楚」政權。陳勝命部將周市率軍奪取魏地（今河南）。周市立魏公子咎為魏王，自立為魏相。

秦二世二年（西元前二〇八年）六月，魏王咎與秦將章邯會戰於臨濟（今河南封丘東）。在此天下大亂之時，陳平告辭了兄長陳伯，約了幾個年輕人，前往臨濟投奔魏王咎。魏王任命陳平為太僕，為他執掌乘輿和馬政。隨著戰爭形勢的變化，陳平曾多次獻計於魏王，以天下大計勸說之，但魏王都未予採納。而且有人向魏王進讒言，使陳平受到猜忌。他認為魏王咎如此好壞不分，難成大事，便毅然離開咎，另謀明主。

不久，章邯率軍猛攻，魏王全軍覆沒。周市為秦軍所殺，而魏王咎自焚而死。

時間很快便到了秦二世三年（西元前二〇七年）冬，另一支農民起義軍的首領項羽來到了黃河邊上，準備北渡黃河，反擊秦軍，解趙王歇鉅鹿之圍。陳平久聞項羽大名，就慕名而來，投到項羽帳下，參加了著名的鉅鹿之戰，並隨項羽破秦入關。但項羽只是一介武夫，有勇而無謀，缺乏知人之明。他授陳平位卿爵，手中並沒有實權，只是徒有虛名而已，這使陳平難有重大建樹。

西元前二〇六年正月，項羽自恃力量強大，就自立為西楚霸王，占九郡，定都於彭城（今江蘇徐州）。封另一支農民起義的領袖劉邦為漢王，居巴蜀漢中，定封於南鄭（今陝西南鄭市東北）。他同時還分封其他一些王。同年四月，劉、項各分頭回到封國。

由於項羽分封不公，引起了一些人的不滿和反對。其中擁有重兵的田榮首先起兵反抗。項羽發兵攻打田榮。漢王劉邦聽從謀士張良計策，拜韓信為大將，於同年八月暗度陳倉，自漢中攻入關中，還定三秦。項羽率軍入關，拉開了楚漢戰爭的序幕。

西元前二〇五年春，殷王司馬卬背叛項羽而投降劉邦。項羽聞此大怒，封陳平為信武君。陳平率軍打敗、收降司馬卬，勝利而歸。項羽官拜陳平為都尉，並且賞賜黃金二十鎰。三月，劉邦率軍再取殷王領地。司馬卬迎戰不利，只得向項王告急。項羽發兵增援，司馬卬卻已被漢大將樊噲活捉，解交漢王。漢王劉邦親自為司馬卬解綁。殷王甚是感激，復又歸降漢王。項羽惱恨司馬卬反覆無常，以致遷怒陳平，要盡斬昔日平定殷王的將士。陳平一則怕被誅，二則料知項羽乏能無道，不能輔佐他成就大業。於是將項羽所賜的黃金和官印封好，派人送還項羽，自己仗持一把劍抄小路而逃，再次去尋求施展其才能和遠大抱負的新途徑。

陳平再次出逃，這又是他的智謀之所在。如果拿他和同一時代的另一個著名謀士范增相比，就能顯示出他的高明之處。范增明知項羽不可成大器，卻疏於變通，結果落得身死的下場。而陳平則不同，見可仕則仕，不可仕則另謀出路，最終能立身揚名。

陳平隻身逃至黃河邊，恰遇一葉小舟，急忙登舟求渡。船伕見陳平儀表非凡，是一個隻身獨行的魁梧男子，懷疑他是一個私自出逃的軍官，腰間必定藏有金玉之物，頓生圖財害命之念頭。船至中流，陳平察覺船伕神色異常，料他居心叵測，很可能要做黑道上的買賣。雖說陳平身上有劍，但他並不是武將。微微一絲驚恐過後，陳平立即想出一條應急之策：說船伕搖船太慢，恐怕耽誤行程，把衣服脫下，然後往船板上用力一甩，赤裸著上身幫船伕撐船。船伕見他腰間並無寶物，衣服甩到船板上也沒有硬物碰撞之聲，知他身上並無金銀，就打消了圖財害命的念頭。天大的凶險被陳平輕而易舉地給化解了。

漢王劉邦厲兵秣馬，志在東進。陳平久聞漢王能知人善任，便來到河南修武投奔劉邦。一天，漢軍部將魏無知正在帳中議事，忽有人報，說有一個美男子，自稱是魏將軍的故人前來拜謁。無知出帳見是陳平，行禮後說道：「聽說您已事項王，今又何故來此？」陳平回禮答道：「項王怪我遲誤軍情，欲加罪於我，聞漢王知人善任，故前來投奔。」魏無知道：「漢王豁達大度，知人善任。今你棄暗投明，我當代為舉薦。」陳平答謝後，無知設宴為陳平接風。席間陳平將途中之事說給他聽，魏無知聽後，連聲說：「足下奇智過人，令人欽佩。」

借漢將魏無知的關係，陳平於當天就見到了漢王劉邦。兩人縱論天下大事，言語投機，頗有相見恨晚之概。當談到對楚用兵時，陳平說：「目前項王正率兵伐齊，楚地空虛，我軍應迅速東下，直搗彭城巢穴，截斷楚軍歸路，軍心必散，項王雖勇，又有何為？」一席話說得漢王眉飛色舞，便詢問陳平在楚營居何職。陳平一一作答。漢王道：「我也封你為都尉，兼掌護軍。」陳平拜謝而出。

漢軍諸將聞之嘩然，紛紛向劉邦說：「大王剛剛得到楚國的一個逃亡軍士，不瞭解他的品行，不知道他才能的高低，怎麼能與他同車同載，又讓他監護軍中資歷較深的將軍，這不是過分地抬舉他嗎？」劉邦不僅不為閒言所動，反而又將陳平擢升為副將。漢軍大將絳侯周勃和灌嬰等心中不滿，就放出許多流言說：「陳平雖是一位魁偉的美男子，但卻像帽子上的玉石，只是裝飾品罷了，並不一定有真正的才能。聽說他在家時，曾經與嫂子私通。投奔魏王不能容身，又逃楚國。後又不如意，才來投奔大王。如今大王封他高官，讓他監護眾將。凡送給他金子多的人，便能分到好差使；否則，就會給安排壞差使。」

這就是後人所謂的陳平「盜嫂」、「昧金」的劣行。

其實，盜嫂、昧金等事純屬無稽之談。陳平早年就胸懷大志，三次擇主而仕，封金掛印，顯然不是貪財之輩。至於「盜嫂」，乃攻擊他的人製造的傳聞，並無實據。

漢王劉邦經不住眾人的再三詆毀，也開始懷疑起陳平來。於是就召見魏無知，嚴詞責問：「汝薦陳平可用，我如今才知道他盜嫂、昧金之劣行，你為什麼推薦這個無行之人？」

魏無知知道，劉邦是個特殊的對象：豁達大度，不拘小節。當時的天下形勢也很特殊，正是求賢若渴、爭奪人才的重要時期。於是，他做了一個特殊的富有哲理的回答：「臣所言者，能也；陛下所問者，行也。今有尾生、孝已之行，而無益於勝負之數，陛下何暇用之乎？楚漢相拒，臣進奇謀之士，顧其計誠足以利國家耳。且盜嫂受金又何足疑乎？」意思是說，我魏無知所介紹的是他的才能，大王問的是陳平的品行。假使一個人具有尾生和孝已那樣的品行，對戰爭勝負的謀略卻毫無用處，用他又有什麼用呢？楚漢相爭，推薦奇謀之士，主要看他的計謀是否真正有利於國家。至於和嫂子私通、接受賄賂之事又何必去懷疑呢？

從魏無知的言語可以看出，無知實為「有知」。他既有知人之明，能夠發現薦引陳平這樣的智謀人才，又有審勢之智，強調亂世用才重於用德。魏無知從關鍵處進行辯解，所以能夠打動劉邦。

於是，劉邦又一次召見陳平，問他：「先生事魏不終，又事楚而去，今又與我共事，難道不令人懷疑你的信義嗎？」陳平聽罷，侃侃而論，藉機對劉邦、項羽的用人路線做了一番深刻的分析：「臣事魏王，魏王不能用臣之說，故去事項王。項王不信人，其所重用的人，非項氏家族，便是妻子的兄弟，雖有奇士不能用。臣居楚時，聞漢王能用人，故歸大王。我隻身前來，不受大王所賜之金，無以為資。倘若臣計畫可採，願大王用之；假使無可用者，大王所賜金俱在，請封還府庫，並允許我自行辭歸。」漢王劉邦聽罷，微笑著說：「你能助我以成大業，我亦必令你衣錦榮歸。」

陳平的短短幾句話，就道破了劉邦和項羽雙方的用人優劣。這不僅是一篇絕妙的政論文字，還是一個消除嫌疑的妙招。

劉邦又賞賜陳平金銀許多，並提升他為護軍中尉，監護所有的將領。此後，漢軍將士再也沒有人敢說陳平的長短了。

三、巧施反間計

漢高祖三年（西元前二〇四年）四月，楚漢戰爭到了最關鍵最激烈的時刻。楚軍斷絕了漢軍的外援和糧草通道，困劉邦於滎陽城達一年之久。劉邦內心十分憂慮，準備割讓滎陽以西的土地求和。可是項羽痛恨劉邦出爾反爾，想在滎陽城置劉邦於死地，怎麼能和劉邦媾和呢！面對這危機的形勢，劉邦內心十分焦慮，就問陳平說：「現天下紛亂，何時才能得到安寧呢？」

陳平知道，他施展自己奇才的時候到了，便從從容容地答道：「項王為人，恭敬有禮而仁愛，廉潔而有節操且謙恭好禮之士，大多歸順他。每當賞賜功臣，卻又吝嗇爵位和封邑。因此，士人又不願歸順他。現在大王雖能慷慨地賞賜功臣，但士人中的亡命之徒、貪利之輩都來歸順漢王，漢王都用之。」劉邦聽到陳平說出這些尖刻的字眼，不免面紅耳熱。

陳平話鋒一轉，接著又說：「假使都能除去其缺點，集合兩人的優點，天下可在屈指揮臂之間頃刻而定。」稍一停頓又說：「但大王傲慢，怎麼能得到廉潔有才之士呢？」劉邦聽了這話，心裡一冷，面露失望之色。陳平卻又熱心地說道：「我想現在有幾個可以亂楚的人，他們就是項羽的老臣，像亞父范增，還有鐘離眛、龍且、周殷等。大王如果能捨得幾萬兩黃金，可施反間計，離間他們君臣之間的關係，使他們之間相互起猜疑之心；項王為人多猜忌，易相信讒言。這樣一來，他們內部一定會自相殘殺。那時我軍再乘勝進攻追擊，勢必會大破楚軍。」

陳平這番話，無疑是煞費心機地揣摩出來的。它直接道破了楚漢雙方的得失：一、從領導集團來看，楚軍中多有重名節的社會上層勢力，因此難免有守舊和腐朽氣息。而漢軍中大部分則是中下層人士，是一批富有進取精神的人物。二、從戰略思想上分析，項羽想獨攬天下，卻又吝嗇爵位和封地；而劉邦卻可以用爵位和封地換得廣大將士捨命相報。這正是能夠取得天下的有效方法。

如此逆耳之言，只有思想敏銳且有斗膽的陳平才能說出來，也只有具備遠見卓識且又寬容大度的劉邦才能夠聽得進去。漢王劉邦立即慷慨地交給陳平黃金四萬兩，讓他自己隨機運用處理，而從不過問花銷的細節。

陳平就用重金收買楚軍中的將士，廣布謠言：「范增、鐘離眛等人勞功卓著，可是卻不能裂土封王，因此欲與漢軍聯合，同滅項氏，分其地而稱王。」

項王一向耳軟，聽此流言，果然內心頓起猜疑，於是便派遣使者到漢王劉邦那裡去探察真偽。

陳平派侍從抬著豐盛的菜餚進來，一見到楚使，卻佯裝很驚奇地說：「原以為是亞父范增的使者，卻原來是項王的使者。」於是命侍從匆忙把豐盛的菜餚撤掉，又送上來一碗菜湯和幾個饅頭。

楚使受此羞辱，不勝其忿，趕緊返回楚軍大營，把受辱經過一一向楚王作了匯報。

這計策不算高明，且漏洞百出。但楚使十分低能，竟被矇住了眼睛。他們回去後又添枝加葉一番，竟又哄住了有勇無謀的項王。從此以後，項王更加懷疑范增，對鐘離昧也愈加不信任。當時的戰爭形勢本來對項王極為有利，范增提議乘勝速取滎陽城，項羽卻根本置之不理。范增見主子起了疑心，一半灰心、一半惱怒地對項羽說：「天下的大事成敗已定，請大王好自為之吧！希望大王能准許我帶著這把老骨頭歸還故里！」原以為項羽會極力挽留，誰知他卻十分薄情，竟然准其所請。

范增心灰意冷地解甲歸田，一路上憂恨交加。他行至彭城時，因背上癰疽發作而死。

至此，項羽手下唯一的一個著名謀士竟然被陳平略施小計除掉了。隨後，楚大將周殷也在英布誘引下叛楚歸順劉邦；大將鐘離昧久遭猜疑也得不到重用。這就是陳平「六出奇計」的第一計。

四、喬裝誘敵

漢高祖三年（西元前二〇四年）五月，項羽中了陳平的反間計，逐退謀士范增，輕怠大將鐘離昧。陳平見計策得逞，又向漢王劉邦獻計，準備從滎陽突圍而出。

當時，楚軍久圍滎陽城，已經懈怠。陳平先使人放出空話，說漢軍糧盡援絕，準備開城投降楚王。然後，又讓漢大將紀信冒充漢王準備詐降，又挑選二千女子，披盔帶甲、手執儀仗待命出發。

一切準備就緒後，便乘夜色打開城東門，放出紀信和二千女兵。

漢王投降，一時成為天大的新聞；另又有許多巾幗女子身著戎裝，忸忸怩怩，更是見所未見。楚軍一時都為好奇心所驅使，竟然都爭先恐後地蜂擁至東門，前去圍觀。

項羽親自出營，見不是漢王，便問：「你是何人，敢前來詐降？」紀信答道：「我乃漢王手下大將紀信，我主豈肯降你？」項羽氣得暴跳如雷，命人縱火焚車，將紀信活活燒死。

因楚軍大都去了東門，故西門楚軍大減。劉邦和陳平便乘虛而出，逃往關中，從而解脫了滎陽之圍。此計乃陳平「六出奇計」之第二計。

五、臨事多急智

漢高祖四年（西元前二〇三年）十一月，漢王手下大將韓信平定了齊地，便遣使向漢王告捷，並請求封他為假齊王（代理齊王）。

此時，劉邦剛從成皋養傷回到廣武，楚漢兩軍相互對峙。使者到後，將書信呈交劉邦。劉邦閱之未終，勃然大怒，脫口大罵：「我久困於此地，天天盼你前來相助。你非但不來，還要自立為假齊王！」剛罵到這兒，忽然覺得几案下被人踢了一腳，便連忙住口。原來，張良、陳平二人正坐在漢王身邊。二人都深知大將軍韓信文武全才，又手握重兵，且又遠在三齊。倘若此事處理不當，韓信兵反，獨立於齊，便與楚漢成三足鼎立之勢，漢軍將身陷危境，天下大事就難以預料了。張良、陳平都想到這一點，竟不約而同地踢了劉邦一下。劉邦當然也很機智，馬上改口說：「韓將軍既然已定齊地，要做就做個真齊王，何必要做假齊王呢！」於是趁機順水推舟，封韓信為齊王，安撫了這支十分重要的軍事力量，避免了漢軍的分裂。此計乃陳平「六出奇計」之第三計。

楚、漢在滎陽、廣武一帶展開的曠日持久的拉鋸戰，遲遲未決勝負。楚君臣猜疑，兵疲糧少。而蕭何不斷運糧草至漢軍前線，漢將韓信、彭越則分別在齊、梁等地襲擊楚軍，斷其糧草接濟。後來，劉邦又派人勸說英布公然叛楚歸漢。天長日久，雙方強弱之勢開始相互轉變。

漢高祖四年（西元前二〇三年）八月，劉邦為換取被項羽虜掠的父親和妻子，請求雙方罷戰議和。項羽腹背受敵，當然樂於議和。雙方約定：以鴻溝為界，中分天下，鴻溝以西歸漢王，以東歸項王。這就是「楚河漢界」的由來。

此後，雙方罷兵，項羽率軍東歸，劉邦也欲引兵西返。但張良和陳平卻以其謀略家敏銳的洞察力，不謀而合地看到項羽已到了捉襟見肘的地步。因此，同諫劉邦道：「漢王已占據天下大半，其他諸侯也都誠心歸附。楚軍已糧食缺乏，士兵已疲憊不堪。此時正是滅楚的極好機會，要乘勝追擊。倘不及時出兵，即『養虎自遺患』。意思是說，不乘勝追擊，無疑是放虎歸山，後患無窮。此計乃陳平「六出奇計」之第四計。

劉邦見張良、陳平兩位謀士均持此議，立即發兵猛追項羽。到漢高祖五年（西元前二〇二年）十二月，劉邦、韓信、彭越等各路大軍將楚軍合圍在垓下（今安徽靈璧東南）。後用韓信「十面埋伏」計，將楚軍全部殲滅。項羽逃到烏江（今安徽和縣東北）陷入絕境。前有大江，後有追兵，被迫在烏江邊「霸王別姬」，拔出雪亮的寶劍，以自刎結束了他那叱吒風雲的一生。

至此，劉邦、項羽之間為爭奪皇位而進行的長達四年之久的楚漢戰爭才畫上了句號。劉邦於漢高祖五年（西元前二〇二年）建立了西漢王朝。

六、巧擒韓信

劉邦在和項羽爭戰的過程中，一直密切注意內部異己勢力的發展，尤其對大將軍韓信，他時刻警惕著其離心傾向。

劉邦滅楚之後，即著手策劃消滅異己諸侯王。他選擇的第一個目標便是最疏遠、最有實力的齊王韓信。垓下之戰後不久，劉邦便改封韓信為楚王，將他調離齊地。

劉邦稱帝後沒幾個月，便有人上書，告發楚王韓信要謀反。高祖劉邦問一些親信將領應該怎麼辦。一些有勇無謀的將領說：「趕快發兵活埋這小子。」劉邦知此非良策，默默不語。此時張良已借病功成身退，劉邦最重要的謀臣當首推陳平了，於是便向陳平請教。

陳平作為一個著名的謀略家，對內部鬥爭一直盡力迴避。他起先是退而不答，經劉邦再三追問，才反問道：「有人上書告韓信謀反，外面有人知道嗎？」劉邦搖了搖頭。陳平沉思片刻又問劉邦：「陛下的精兵能超過楚兵嗎？」劉邦答道：「難以超過。」陳平又問：「陛下的將領帶兵作戰有超過韓信的嗎？」劉邦答道：「無人能比。」陳平說道：「現在陛下的兵士不如楚兵精銳，而且將領用兵卻又都不如韓信，反要舉兵攻打，逼他造反。倘挑起戰端，我很為陛下感到不安啊！」

劉邦急於消滅韓信，再三問詢萬全之策。陳平道：「古時，天子時常巡行天下，會見各地諸侯。南方有一雲夢澤，陛下何不裝作出遊雲夢澤，在陳州會見各地諸侯。陳州是楚地的西界。韓信聽說天子出遊，必迎駕於此，那時陛下欲擒韓信，只需一個大力士就足以成功。」

劉邦依陳平之計，南遊雲夢澤。楚王韓信果然郊迎於道中。高祖事先安排了一個大力士，果然一舉擒獲韓信，隨即將他貶為淮陰侯。此舉消除了國家再度分裂的禍根，使西漢王朝避免了一場兵亂，維護了新的封建王朝的統一和安定。此計乃陳平「六出奇計」之第五計。

劉邦回到洛陽後，論功行賞眾功臣，封陳平為戶牖侯。陳平婉言謝絕道：「這不是臣一個人的功勞，不敢擅得爵祿。」高祖不解其意，又問道：「我用你的謀略，能夠克敵制勝，這難道不是你的功勞嗎？」陳平答道：「臣當初若不是魏無知的薦引，又怎能立功呢？」劉邦聽罷稱讚陳平道：「像你這樣的人，可以說是不忘本的了。」於是傳命重賞魏無知。

陳平一句話，既報答了魏無知的「薦引」之恩，使高祖封賞無遺，自己又落了個「不忘本」的美名，真可謂一舉兩得。

七、巧解白登之圍

秦、漢之交，在遼闊的蒙古草原上，隨著社會經濟的發展，匈奴中出現了一位傑出的民族首領——冒頓（西元前？年～西元前一七四年）單于（匈奴對首領的稱呼）。他乘楚漢相爭之機，建立了一個強大的奴隸制政權。他帶領軍隊東征西討，控制的疆域不斷擴大，並經常騷擾西漢北部邊境。

漢高祖六年（西元前二〇一年）秋，冒頓單于發兵圍攻駐守馬邑（今山西朔縣）的韓王信，韓王信投降。隨之韓王信和冒頓單于合兵一處，於漢高祖七年（西元前二〇〇年）又攻略晉陽（今山西太原市）。

漢高祖劉邦聞訊，於漢七年冬親率三十萬大軍征討匈奴。冒頓單于匿其精銳，故意示以羸弱，將漢軍誘至平城，然後突然以四十萬精兵將劉邦緊緊包圍在平城白登山（今山西大同市東南），使之與主力隔絕。劉邦一直被圍七日，時值「冬，大雨雪，卒墮指者十二、三」。加上援盡糧絕，漢兵困餓不堪，士卒唱道：「平城之下禍甚苦，七日不食，不能彎弓弩。」漢軍失去戰鬥能力，陷入隨時可能被殲滅的困境。在局勢萬分危急的情況下，陳平忽生一計：備一幅絕色女子圖畫，還有許多金銀珠寶，派一名膽識兼備且又能言善辯的使臣，暗中下山，買通番兵，祕見匈奴閼氏（匈奴單于的正妻，相當於王后）。這漢使見了閼氏之後，先將金銀珠寶獻上，然後說道：「現漢皇帝被圍十分危急，想與單于議和。知閼氏對單于很能盡言。若單于不肯，現有一幅圖畫在此，上面是大漢第一美女，將奉獻給單于。」

那閼氏打開圖畫一看，頓時大吃一驚。圖畫所畫美女，果然是天姿國色，花容月貌。和自己相比真是天壤之別。她想：如漢使把這美女送給單于，恐怕日後會專寵後宮。閼氏頓生嫉妒之意，忙對漢使說：「你回去稟報漢帝，我一定會讓單于退兵的。」

於是閼氏馬上進見單于，對他說：「漢匈兩朝不應逼迫太甚，即使奪取了漢人的土地，也很難得到長久安寧。況且，漢皇帝又有神靈保護，請大王留心！」冒頓單于思前想後，終於網開一面，撤開包圍，放漢軍人馬南歸。

當天夜晚，天降大霧，對面敵我難分。陳平命漢軍將士環形而立，各執強弓，上搭利箭，如遇險情，立即萬箭齊發。這樣，漢軍一隊隊地從開圍處安全撤出。此計乃陳平「六出奇計」之第六計。

因為此計有失漢朝威嚴，所以《史記》記載的也比較簡單。因此，世人大多不知此計的詳情。陳平自投奔漢王，六出奇計，增封六次。另還有一些奇計，世人也就無法詳考了。

白登之圍後，劉邦班師回朝，行至曲逆（今河北保定市西南），登城看到城中房屋建築高大，讚歎道：「好壯麗的縣城呀！我行遍天下，只有洛陽和這個地方的景色最好！」遂問御史：「曲逆的戶口有多少？」御史答道：「現有五千戶。」漢高祖深念陳平功勞甚大，便加封他為曲逆侯，享用曲逆封邑內的全部賦稅。在西漢王朝的開國功臣中，盡食一縣賦稅者，唯有陳平一人。

八、違旨救樊噲

漢高祖劉邦晚年，西漢中央政權內潛藏著一股暗流，外戚呂氏依靠皇后呂雉，想進一步控制西漢軍政大權。當時最難對付的一個人便是潑辣精明的皇后呂雉。她內靠頗有心計的寵臣審食其參與策劃政務，外則與名將樊噲結成裙帶關係，將其妹呂嬃嫁給他。同時，她又把呂氏子弟安插到中央各要害部門。在這種局勢下，有謀略的人首先要考慮如何在複雜的關係網中生存下來，然後才能依靠自己的政治影響和智謀，力挽危局。

漢高祖十二年（西元前一九五年），燕王盧綰造反。此時，西漢政權真可謂內憂外患交加在一起。劉邦命大將樊噲為相國，率軍前去討伐盧綰。時間不長，便有人在高祖面前說樊噲的壞話。時劉邦病重，聽罷勃然大怒，說道：「樊噲知我身患重病，竟還想盼我速死！」遂打算臨陣換將，可又擔心樊噲手握重兵，如果弄不好的話，可能會出現不測。最後，還是採用了陳平的計策：命陳平前去樊噲營中傳詔封賞，在車中暗藏大將周勃，等到達樊噲營中，立斬樊噲，讓周勃代行職權。

車至中途，陳平和周勃商議：樊噲是開國功臣，和皇上存在裙帶關係。現高祖一時憤怒，要殺樊噲，但恐怕日後會反悔。如怪罪下來，還是你我二人之罪過。不如捉住樊噲，押解回京，聽憑皇上發落。周勃遂依陳平計而行。

車至樊噲軍前，陳平命人築起一高台，作為傳旨之所在。又派人至樊噲營中，說有聖旨到。樊噲知是陳平一個前來，並無多慮，就前來領旨。卻不料從高台後走出大將周勃，當即拿下樊噲，打入囚車，宣旨由周勃代將。然後由陳平押解樊噲回京。

陳平行至中途，突聞劉邦病故。他料朝中必由呂后主持政事，局勢會變得更加險惡。他害怕呂嬃進讒，必須趕在治喪之前趕回長安，將自己剖白乾淨。

陳平獨自快馬加鞭，還未至長安，使者傳詔，命陳平和灌嬰一起去屯戍滎陽。陳平心想，此事還未說明，這卻如何是好！猛然計上心頭，跌跌撞撞地奔進宮來，跪在高祖靈柩前放聲大哭，邊哭邊訴：「先帝命我決斬樊噲，我未敢輕處大臣，現已將樊噲押解回京，準備請先帝親自發落，卻不料先帝已先走一步。」這些話明明是說給呂后聽的，以此來表明自己的功勞。呂后、呂嬃得知樊噲未死，遂放下心來。又見陳平痛哭流涕，頓生哀憐之心，對陳平道：「卿且節哀，到外地就職去吧！」陳平乃一介文臣，身在外地還能有何作為？於是他再三請求留在京師。呂后念他未殺樊噲，就答應了他的請求，命他輔佐教導惠帝。

樊噲解至長安，呂后立即下令赦免，並官復原職。

陳平身在惠帝左右，消息靈通，又時常接近呂后，因此，呂嬃屢進讒言，卻不能實現。這時，漢朝的開國功臣已被翦除殆盡，只有陳平等少數幾個人生存了下來。

九、匡扶漢室

漢高祖劉邦病危之時，呂雉曾問道：「陛下百歲後，蕭相國死，誰能擔此重任？」劉邦道：「曹參可擔此重任。」呂雉又問曹參以後由誰擔任，劉邦答道王陵可以擔任。但王陵憨厚而正直，須得陳平輔助。然陳平也難以獨任，可讓周勃為太尉，周勃重厚少文，安定劉氏天下的人必為周勃。

蕭何死後，呂后按高祖遺旨，讓曹參代為丞相。

漢惠帝五年（西元前一九〇年）八月，曹參又死。呂雉細思高祖遺囑，無非是說陳平鬼點子多，不能獨當此任，需一忠厚老臣從旁節制。呂雉領會高祖深意，於漢惠帝六年（西元前一八九年）十月，封安國侯王陵為右丞相，曲逆侯陳平為左承相，絳侯周勃為太尉。漢初以右為尊，陳平便屈居副丞相之位。

西元前一八八年，漢惠帝病死，時年僅二十四歲。此後，呂后便正式「臨朝稱制」。

西元前一八七年冬，呂后欲立呂氏子弟為王，便徵詢右丞相王陵的意見。王陵回答說：「不可以，這樣做有違先帝遺旨。當初先帝曾說，非劉氏而王者，天下共擊之。」呂后聽了，內心十分生氣。遂又去問陳平，陳平答道：「昔日高祖定天下，以劉氏子弟為王；而現今是太后稱制，欲立呂氏子弟為王，無所不可。」呂后聽罷大喜。

後來，王陵責問陳平等一些人道：「當初與高祖歃血立盟，諸君豈不在場嗎？現今高祖駕崩，太后欲立呂氏為王，諸君卻又阿諛逢迎，背盟違約，日後有何面目見高祖於地下？」陳平坦然答道：「今日面折廷爭，我不如君；然日後保全社稷，定劉氏之後，君卻不如我。」王陵聽罷恨恨無言。

呂太后因惱恨王陵，就明升暗降，改任他為皇帝太傅，奪回了他的相權。王陵沒有「宰相肚裡能撐船」的胸懷，遂謝病不出，十年後死去。

免去王陵右丞相職位後，呂太后就擢升陳平為右丞相，封辟陽侯審食其為左丞相。陳平見主弱臣強，呂太后又機智狠毒，稍不注意會招來殺身之禍，遂裝作胸中無志，整日在家放蕩飲酒。後來，呂嬃屢在呂太后面前進讒說：「陳平擔任右丞相要職，但不理朝政，天天在家中飲美酒，玩弄美女。」陳平知道後，暗自慶幸計謀得逞，遂更加放縱。每天縱情於酒色之中，在朝中更是隨聲附和。呂太后看到陳平的所作所為，心中不免竊喜。有一次曾公然當著呂嬃的面對陳平說：「俗話說，小孩子和女人的口舌，萬萬不可聽信。你和我的關係如此深厚，日後不要再畏懼別人的讒言。」陳平表面上若無其事，但心裡卻暗自高興。

於是陳平與呂氏相安無事。呂太后大封諸呂，他也不聞不問，千方百計地留住相位，為日後舉大事做準備。

西元前一八一年，呂氏集團的勢力日益龐大。陳平憂慮局面長此以往，必將禍及國家安危，害及自身。他時常幽居深院，苦苦思索對策。一日，他正獨坐靜思，陸賈來到身邊也毫無覺察。陸賈就坐後問道：「丞相的思慮何其深遠？」陳平聞言驟然一驚，見是陸賈，連忙問道：「請先生猜猜，我正在想什麼？」陸賈微微一笑道：「丞相富貴已極，沒有其他的貪慾。現在憂慮，想來是顧忌諸呂罷了。」陳平一聽，深感知音難得，連忙請教：「先生所言極是，但不知應該如何對付呂氏？」陸賈略一思索道：「天下安，注意相；天下危，注意將。將相協調，則民心附。今社稷安危，繫於你和周勃兩人身上。」意思是說，要陳平和周勃兩人緊密聯繫才能夠力挽狂瀾。此話正中陳平下懷，遂兩人促膝長談，密商天下大事。

正巧，太尉周勃慶祝壽辰。陳平用陸賈之計，帶五百兩黃金去為周勃祝壽。周勃是有心人，後也依例回報。兩人你來我往，關係十分密切，使呂氏陰謀在無形之中受到阻抑。

西元前一八〇年七月，呂太后病死。外戚呂氏和劉氏宗室及漢室官僚之間的矛盾已達到不可調和的地步。各方劍拔弩張，一觸即發。

縱觀這場鬥爭，其實質是統治階級內部爭權奪利的鬥爭。在這場鬥爭中，漢室官僚與劉氏宗室結成聯盟，共同對付諸呂。

八月，鬥爭已到緊急關頭。周勃便和陳平密商，制訂了一條計策。決定先從趙王呂祿著手。呂祿當時是上將軍，主持北軍，駐守在皇宮，掌握漢中央的精銳部隊。但此人有勇無謀，只是一介武夫。

當時，曲周侯酈商病老還家，但他的兒子酈寄卻與呂祿交往甚厚，於是陳平和周勃就派得力之人勸說酈寄，讓他去勸說呂祿，認清時勢，讓他將掌握的兵權交給周勃，然後到自己的封地去上任。

酈寄來到呂祿家中，規勸他交出兵權。呂祿看到，劉氏宗室和一些大將等也欲發兵討伐諸呂，內心也有點懼怕，便輕信了酈寄，把上將軍大印交給周勃。這樣，周勃輕而易舉地便控制了北軍。陳平、周勃行令軍中：為呂氏者，右袒；為劉氏者，左袒。全軍將士皆左袒。控制北軍是剪滅諸呂的關鍵一步。

當時，另一支骨幹力量是南軍，由呂產把持。這時呂產還不知北軍有變，準備和呂祿共同發難，捕殺劉氏和朝中大臣，奪取劉氏政權。陳平得知呂產這一陰謀後，立即召來反呂最堅決的朱虛侯劉章，讓他協助周勃監守北軍軍門；另外，告訴衛尉，設法阻止呂產進宮。劉章見呂產在皇宮門前來回徘徊，便乘機拔劍襲殺之。隨後，陳平、周勃又派人逮捕斬殺呂祿等人，將外戚呂氏誅殺殆盡。

遂後，朝中大臣擁立劉邦中子劉恆即位，即歷史上著名的漢文帝。西漢逐步進入強盛時期。

文帝即位後，深感陳平之功大，仍任陳平為右丞相。但陳平卻託病引退。文帝很奇怪，就問他原因。陳平答道：「在高祖時，周勃的功勞不如我；但誅殺諸呂，我的功勞卻不如周勃，願把右丞相之位讓給周勃。」文帝見陳平如此謙讓，便封周勃為右丞相，陳平則遷調為左丞相，並賜給陳平黃金千斤，加封食邑三千戶。

不久，漢文帝已漸漸熟悉國家事務。在一次朝會時問右丞相周勃道：「天下一年的訟案有多少件？」周勃謝罪說：「不知。」文帝又問：「天下一年金錢和穀物的收支各有多少？」周勃緊張得汗流浹背，不知如何回答。

文帝深感不樂，就轉問左丞相陳平。陳平不假思索地答道：「這些事都有主管的官吏。」文帝又問：「主管的官吏是誰？」陳平道：「陛下如問決獄之事，就責問廷尉；如問錢穀之事，就責問治粟內史。」皇上一聽，面帶怒容地問道：「假如各事都有主管的官吏，那你所主管的是何事？」陳平俯首謝過，答道：「陛下不知我才智平庸，任命我為丞相。丞相對上輔佐天子，順理陰陽；對下妥善地化育萬物；對外則鎮服安撫天下諸侯和夷狄；對內則使百姓歸附，使卿士大夫各能勝任其職責。」文帝聽了連聲叫好。

退朝之後，周勃感到很羞愧，埋怨陳平說：「你為何不早教我回答？」陳平笑道：「你處這個職位，不知你的職責嗎？如果皇上問長安城中盜賊的數目，你也要答出個準確的數目來嗎？」周勃聽後才知道自己的才能遠遠不及陳平。

不久，周勃託病，請免去右丞相之職。陳平獨任丞相，在位一年，身患重病。文帝二年（西元前一七八年）十月，陳平病逝。文帝賜謚號為「獻侯」，由他的兒子陳買承襲侯爵。

當初，陳平曾說：「我多用詭祕之計謀，為道家所禁忌。我的後代被廢也就完了，如果我的後代終不能再被起用，也是因為我多用詭謀而造成的後果。」

陳平此話頗有因果報應的情調，但他仍不愧是中國封建社會的賢相，少有的智士。著名史學家司馬遷對陳平的歷史功績作了高度評價：平常出奇特計謀，解救紛亂之難題，拯救國家的安危。至呂太后時，國家多事故，而陳平竟能夠使自己安身其中，並能安定社稷，被稱為賢相，豈不是一個能善始善終的人嗎？假使不是常用智謀，誰能做到這一點呢？

本文主要資料來源：《史記》卷五六，〈陳丞相世家〉；《漢書》卷四〇，〈陳平傳〉；《史記》卷八，〈漢高祖本紀〉。

老當益壯意為國　馬革裹屍慰生平

馬援傳

尹翼婷／任慶山

凡是讀過幾年書的人，大都知道馬援或伏波將軍，即使說不出他多少事蹟，也知道老當益壯、馬革裹屍、聚米為山等成語。這些成語就是由馬援的事蹟衍化而來的。馬援叱咤風雲的一生為後人津津樂道，就是因為他不僅是東漢時著名的軍事家，而且是中國歷史上傑出的謀略家。

一、不做守財奴

馬援（西元前十四年～西元四十九年）字文淵，扶風茂陵（今陝西興平東北）人。戰國時趙國名將趙奢是他的遠祖。趙奢因功被趙惠文王封為馬服君，其子孫便改姓為馬。馬援的祖籍原是河北邯鄲，漢武帝時將一些世家大姓遷往扶風茂陵，所以史書上就稱馬援為扶風茂陵人。馬援的曾祖父名馬通，在漢武帝時官至重合侯。馬通的哥哥馬何羅因有反跡，被漢武帝殺掉，馬通也因此而湮沒無聞。馬援的祖父名馬賓，在漢宣帝時以郎官為持節使，號稱使君。馬援的父親名馬仲，官至玄武司馬。馬援有三個哥哥：馬況、馬余、馬員，都頗有才能，在王莽時都曾擔任二千石的高官。馬況曾被封為窮虜侯，馬余曾被封為致符子，馬員曾被封為中水侯，真可謂滿門簪纓。但是，這三個哥哥對馬援格外器重，認為他才是馬家最能成就大事業的人。

馬援十二歲時就失去了父親，但「少有大志」。當時，馬家特請當時著名的學者蒲昌做他的老師。但胸懷大志的馬援不能守章句之學，慨然有捨學而從事畜牧的打算，希望到邊郡墾田牧馬，以補家用。長兄馬況看他意志堅決，便答應了他，並對他說：「你是大才，當晚成。好雕工是不把最好的玉輕易示人的。」馬援明白長兄的意思，即擇主而仕，把自己的才能獻給值得獻出的英明之君。可是馬況不久病死，馬援的這個打算還未付諸實施。按兄弟之喪，馬援服期一年，對寡嫂奉侍唯謹，一遵舊禮。由此看出，馬援性行誠篤，而且深受儒家思想的影響。

兄喪期滿以後，馬援被推薦為郡督郵，其職責是監察。有一次，他送一個有重罪的囚犯去司命府問罪，在路上被這個囚犯的哀求所感動，竟將他釋放，自己也逃往北部的邊郡，過起了流亡生活。這時他真的實現了自己的願望，過上了墾荒放牧的生活。後來他雖然被赦免，但並未回去，而是仍留在邊郡墾荒放牧。

馬援墾牧的成績頗佳，在當地極有聲望，有數百家自願歸附，聽從他的指揮。當時他有牛、馬、羊各數千頭，積穀數萬斛。照一般人的眼光來看，馬援創業已相當成功，應該滿意了，但素有大志的馬援並不以此為滿足，曾激昂慷慨地對賓客說：「大丈夫為志，窮當益堅，老當益壯！」於是，「窮當益堅」、「老當益壯」就成了常掛在後人口頭的成語。當人們都羨慕他的財富越來越多的時候，他卻對賓客慨然說：「人積有財產，貴在施捨，使財盡其用，否則的話，也就是一個守財奴罷了！」於是，他將自己積聚的財產都散發給了鄉親故舊，而他自己卻仍穿著羊皮衣褲，十分樸素。此舉使馬援聲名大噪，也顯示出馬援志不在小。

王莽末年，各地的農民起義此起彼伏，天下大亂。王莽的堂弟王林也在四處物色賢才，發現馬援能成大器，遂將馬援推薦給王莽。王莽立授馬援為新城（漢中）大尹。當時天下大亂，光武帝劉秀也起兵討伐王莽。不久王莽失敗被殺，光武帝劉秀建立了東漢政權。馬援和其兄馬員都放棄了王莽授的官職，避居涼州。天下大體安定後，光武帝命馬員仍任上郡太守，而馬援一度仍留居涼州。隴西割據勢力首領隗囂對馬援頗為器重，遂將馬援召至自己幕下，並授馬援為綏德將軍。於是，馬援便在隗囂那裡做起了一名武官。

二、擇主酬志

隗囂曾師從大儒劉歆，但也是個王莽式的偽君子。他割據隴西一帶，口頭上表示要興復漢室，實際上卻不願接受光武帝劉秀的統治，而是想自己割地稱雄。他以厚禮聘請馬援，就是為了提高自己的號召力。馬援之所以曾一度為之效力，主要是看他反對王莽。再加上隗囂表現出一副禮賢下士的樣子，馬援覺得說不定會成就一番事業。

當馬援到天水會見隗囂的時候，光武帝劉秀已經稱帝，定都洛陽。與此大體同時，公孫述也於成都稱帝，割據一方。在劉秀、隗囂和公孫述三大政治勢力中，在名義上以劉秀為最順，論力量也以劉秀為最強，而隗囂的地盤和力量甚至還不如公孫述。隗囂本來可以名正言順地歸降劉秀，但他卻不願這樣做，自己總想割據稱王。於是，隗囂利用馬援和公孫述的朋友關係，要馬援去成都見公孫述，想和公孫述建立起同盟，共抗劉秀。馬援對隗囂的心理十分清楚，但他想趁此機會瞭解一下公孫述的情況，這對判斷天下大勢的走向有很大好處。於是，馬援欣然受命，前往成都。

公孫述和馬援本來是相知頗深的舊交，但公孫述在見馬援的時候卻大擺架子。他盛陳衛隊，延見馬援後略事酬酢，即令馬援去館舍安歇。公孫述派人給馬援送一身衣服，然後會百官於宗廟，儼然一副天子氣象。公孫述要封馬援為侯，授以大將軍之職。隨馬援前去的人都很高興，獨馬援未露出任何喜色。馬援對身邊的人說：「天下大局未定，鹿死誰手尚未可知。公孫述不是推誠任用賢士，以共圖成敗，而是大擺架子，講排場，這怎麼能長久地留住賢士呢？」因此，馬援沒接受公孫述的官職，而是告辭回天水。隗囂問馬援對公孫述的印象，馬援說：「公孫述不過是井底之蛙罷了，不足以成大事，且妄自尊大，不如專事東方。」這裡的「東方」是指定都洛陽的劉秀集團。馬援的意思是，不必太注意公孫述，而應和劉秀搞好關係。由馬援對公孫述的評價可以看出，馬援志不在小，而以後的事實也證明，他對公孫述的評價是完全正確的。

建武四年（西元二十八年），隗囂命馬援奉書去洛陽。當時，劉秀雖已於洛陽稱帝，但東方還有不少大大小小的敵對勢力，形勢並不怎麼安定。馬援的到來令劉秀十分高興，他正需要瞭解西邊的情況。據記載，劉秀接見馬援的禮儀十分簡略，只是由一個小宦官將馬援引入，在宣德殿相見，儀衛很少，令馬援頗為驚異。相見之後，劉秀對馬援先到天水、成都，而後才來洛陽頗感失望：「卿遨遊二帝間，今見卿，使人大慚！」那意思是，你馬援認為我還不如隗囂和公孫述，實在令人遺憾。馬援頓首謝過，頗為坦誠地對劉秀說：「當今之世，不但君擇臣，臣亦擇君矣！」這話不僅坦誠，而且巧妙，因為馬援並未選擇隗囂、公孫述，而是選擇了劉秀，你劉秀難道不應該感到高興嗎？隨後，馬援將公孫述見他時那種戒備森嚴的情況說了一遍，接著說：「我這次來，你如此簡易，怎麼能知道我不是刺客呢？」劉秀微微一笑，然後風趣地說：「你不是刺客，只是一個說客罷了！」兩人談得十分投機。馬援認為，劉秀恢弘大度，頗類漢高祖劉邦，確有天子氣象。但他並沒有馬上請求在劉秀處任職，反而使劉秀對他更加器重。劉秀派人陪馬援到東海邊等地巡遊一通，然後派人護送馬援回天水。在這段時間裡，劉秀和馬援已相知甚深，劉秀對馬援極為信任，希望通過馬援促成和隗囂的合作。

馬援到天水後，向隗囂極陳劉秀的過人之處：「前些時我去洛陽，皇上單獨召見我數十次。每次談話都從傍晚到天明，無話不談。皇上的才能和勇略不是一般人所可比的。皇上心胸坦蕩，無所隱蔽，大體和漢高祖相類。博覽多聞，處理政事和文才上，前世也無人可比。」隗囂反問道：「你說他哪些地方像漢高祖呢？」馬援答道：「有的地方不如漢高祖。漢高祖無可無不可，今皇上好管吏事，大小事都要詳加過問，而且又不喜歡飲酒。」隗囂露出不高興的樣子說：「照你說來，反過來那就超過漢高祖了？」因隗囂對馬援格外信任，所以還是決定採納馬援的建議，將長子隗恂送往洛陽做人質，與劉秀修好。當馬援送隗恂去洛陽時，將自己的家眷和賓客都帶到洛陽去了。馬援促成了劉秀和隗囂的合作，自己也總算找到了一個可以為之獻力的英明君主了。

馬援這次到洛陽後，似乎引起了劉秀的某些疑慮，所以一直沒給他安排什麼官職，只是在洛陽閒居。馬援的賓客很多，食用浩繁，他便向劉秀請求，自己願屯墾於三輔的上林苑中。光武帝劉秀答應了馬援的請求，使馬援又過起了安靜的屯墾生活。馬援實際上時刻都在關心著天下大事，準備有機會時一展自己的才能。

隗囂不甘久居人下，時間一久，其野心便有所暴露，其間自然會有一些人逢迎其意志。一個叫王元的人似乎也頗有謀略，極力慫恿隗囂與劉秀斷絕關係，而自成局面。王元認為，隗囂「牽儒生之說，棄千乘之基」，是一種戰略失誤。這話顯然是針對馬援說的。馬援要隗囂「專事東方」，並將自己的兒子送往洛陽做人質，隗囂也正心懷不滿，懷疑馬援出賣了自己。王元進一步勸道：「圖王不成，其弊猶足以霸。」意思是說，即使不能成為全國的王，也可以稱霸一方，而不必向劉秀俯首稱臣。這話頗合隗囂的心意，於是便處處表現出自立的樣子。

光武帝劉秀對隗囂的首鼠兩端已有所知。建武五年，劉秀要出兵伐蜀，要隗囂出兵相助，擔任一路兵馬的指揮。這實際上是對隗囂的試探。隗囂則表示，自己力量單弱，不宜伐蜀，對劉秀的意思表示了不尊重。於是，劉秀和隗囂的關係開始迅速惡化。

當馬援得知隗囂要絕劉自立後，便數次致書隗囂，責其負義。隗囂不僅不聽從馬援的勸告，反而對馬援更加不滿。建武六年，劉秀決定對隗囂用兵，馬援上書劉秀，請面陳方略。馬援在上書中說，隗囂並未將真心告訴他，如果早知他要割據稱王的話，馬援早就與他絕交了。今隗囂既然已背漢，那麼討伐他就是天經地義的了。但馬援滅隗囂的詳細策略到底是什麼，史書中語焉不詳。從以後的行動中可以看出，馬援的方略是首先瓦解隗囂的抵抗力量。劉秀本來就器重馬援，今見馬援有這樣的建議，心裡很高興，馬上交給他五千騎兵，前往遊說隗囂的主要將領。馬援在隴西數年，交遊甚廣，大家對他的為人都頗為敬重。在馬援的遊說下，隗囂的幾個重要將領轉而歸順劉秀，有的雖未明確背隗向漢，但卻將自己的部眾解散，不參與征戰；有的將領雖仍是隗囂的部下，但對馬援也甚表同情。於是，隗囂集團離散日甚，日益孤立，力量大為削弱。

建武八年，劉秀命來歙率兵二千餘，從間道出奇兵討伐隗囂，一舉占領了略陽（在今陝西南部）。隗囂大驚，出兵數萬人，將略陽團團包圍。來歙連連派人向劉秀求援，劉秀親自率領大軍前往。大軍到漆地後，諸將領都以為王師至重，不宜深入險地。劉秀猶豫不決，便將馬援召來，詢問他應如何辦。馬援在半夜裡趕到，劉秀很高興，便將諸將領的意思告訴了馬援。馬援對隗囂的處境進行了詳細分析，認為隗囂已處於土崩瓦解之勢，如乘勢進兵，必能大勝。馬援擔心劉秀對雙方的形勢瞭解不透，就找來一些米，堆成山谷之狀，指陳形勢，向劉秀指出進軍之路，分析透闢，形勢顯明。在馬援的指示下，劉秀對形勢一清二楚，信心頓增，下令馬上進軍。果如馬援所料，隗囂很快就陷入土崩瓦解之中，天水也被漢軍攻破。在消滅隗囂這支割據勢力的過程中，馬援發揮了關鍵作用。在攻占天水後，劉秀又命馬援和來歙一起平定了隴西諸郡縣，使這大片區域納入了劉秀的版圖。

三、鎮守隴西，平定羌患

馬援以平定隴西有功，被劉秀授以太中大夫。當時隴西羌患日益嚴重，當地居民飽受其禍。來歙認為，要平定羌患非馬援不可。劉秀接受了來歙的建議，於建武十一年拜馬援為隴西太守。

古代的羌即今天的藏族，以遊牧為生，不時內擾隴西一帶，給當地人民的生產和生活造成很大的危害。馬援平定羌患的方略是，先切斷其來路，阻塞臨洮，來路既斷，再集中力量對付已來的諸羌。他發馬步兵三千人，於臨洮大敗諸散羌，斬首數百，獲牛、馬、羊萬餘頭，塞上投降的羌人達八千餘。另一支羌人有數萬之眾，以浩門隘為據點，四出劫掠，為害甚烈。馬援為正本清源，和揚武將軍馬成一起督軍奮擊。諸羌見漢兵勢盛，就將妻孥送到允吾谷躲避。允吾谷在今蘭州北約三百里處，處於向青海撤退的通道上。馬援從中窺知，羌人準備退走，足見其勢已疲。於是，馬援便出輕騎兵掩擊。羌人沒想到馬援忽然趕到，十分驚慌，遂又西撤至唐翼谷中。很明顯，這表明羌人打算要往西寧方向撤退了。馬援繼續督軍進擊，緊追不捨。羌人遂引兵於北山，頑固堅守。馬援陳兵山前，擺出一副要大舉進攻的樣子，而另派一支數百人的騎兵，繞至山後，乘夜放火，並以鼓聲助威。羌人驚慌失措，遂大潰而逃。馬援乘勝追擊，斬首千餘，大獲全勝。經此一戰，羌人破膽，不敢再入隴西劫掠。在這場激戰中，馬援也被流矢擊傷，貫穿股脛。光武帝劉秀聞知後，特致璽書慰勞，並賜羊二千頭，牛三百頭，以作為馬援休養之需。但是，馬援卻將劉秀的所賜之物盡數贈予將士賓客，自己一無所取。因此，馬援的聲望越來越高。

如何治理隴西，朝中大臣的意見分歧很大。不少人認為，隴西連年荒亂，道路遙遠，撫馭有諸多困難，不如棄而不理。馬援聞知後，馬上上疏力爭，認為放棄隴西將造成國防上的大失誤。這裡土地肥沃，且有灌溉之利，一定不能讓羌人再入中，否則後患將不堪設想。劉秀對馬援的意見深表贊成，遂命武威太守返還金城，避難涼州的老百姓悉數遣返，得三千餘口人。馬援又奏請設置長吏，修繕城郭，興辦水利，勸以農耕，民得安居樂業，隴西遂安。但是，馬援擔心羌人會再次捲土重來。為防患於未然，他派歸降的羌人頭目楊封出塞，向羌人諸部遊說，使漢羌彼此友好相處，不再擾邊。馬援在這一點上做得很成功，使漢羌之間數年沒有戰爭。

武都是隴南大邑，居民多氐人。這裡原是公孫述的勢力範圍，因公孫述對當地人民橫徵暴斂，而隴西卻呈現了一副太平景象，所以當地人民相率歸附隴西。馬援接受了他們的歸降，並代為奏請光武帝劉秀，恢復對他們酋長的封號，賜予印綬。劉秀接受了馬援的奏請，氐人亦安。

建武十三年，諸羌氐聯合為亂，人數達數十萬之眾，聲勢頗大。隴西一帶的官民一時人心惶惶。但是，馬援卻表現得格外鎮靜，不慌不忙。其他人見馬援如此胸有成竹，也就安定下來了。馬援只率領四千餘騎兵，對羌人突然邀擊。羌人依山為險，與馬援軍相抗。馬援並不急於揮軍與戰，而是先奪占了水草之地。羌人以遊牧為生，人和牲畜不得食，人心自亂，遂倉皇而逃，有萬餘人到馬援營中請降。自此以後，隴西清靜，多年未發生過羌患。

有一天，一個縣的老百姓因報仇發生鬥毆，一些人遂謠傳發生了羌患。老百姓被羌患嚇破了膽，談虎色變，一聽說發生了羌患，紛紛入城避難。狄道長聞知後馬上報告馬援，請閉門發兵。當時馬援正與賓客宴飲，聞報大笑道：「羌虜何敢內犯？」他要狄道長回去，「好好把家看好，如果害怕的話，就睡在床底下。」馬援這種幽默的話逗得賓客大笑。

馬援任隴西太守六年之久。最初兩年，他幾乎是馬不停蹄地在對付羌患。後幾年地方清靜，馬援也顯得悠閒得多了。他為政總其大要，不注重瑣細小事，認為那些小事應由下官去管，自己不侵下屬之權。他自己經常和賓客宴飲，而地方安靜，政無不舉。這應該看作是馬援為政的一個突出特點。

馬援從隴西太守任上被征還京後，拜官虎賁中郎將。他不喜歡過寂寞的生活，如經常和賓客宴飲，又擔心京師眼多，說不定會引起猜疑。於是，他找到了另一種尋樂的方法，那就是常給人講故事和前世的歷史。馬援身材高大，和藹可親，眉清目秀，一望即令人敬服。再加上他的地位和傳奇般的經歷，所以來聽他講故事的人很多。上至太子，下至閭閻百姓，都聚精會神地聽他講述，津津有味。這既是馬援尋找生活樂趣的一種方式，也是他避免猜忌的一種謀略。

當馬援初回京時，光武帝劉秀曾親自接見他，說道：「我深恨以前殺牧守太多了。」言外之意是，悔恨任用馬援太晚了，以致冤枉死了許多牧守。馬援的回答也很策略：「死得其罪，何多之有？但死者既往，不可復生。」意思是說，這些牧守不善於治邊，死是他們應得之罪，以後任用善於守邊的人就是了。這話既順了劉秀的意思，無責備之意，又不失諫諍的作用，十分得體。光武帝劉秀聽了後哈哈大笑，十分高興。由此可以看出，馬援不僅善於用謀打仗，而且善於辭令。

馬援回京後，將往日奏疏重新檢出。他前曾建議，重鑄五銖錢以供流通。三府官認為不可，此議未行。馬援看到三府官所列的十三條理由，經一一解釋後，再次上奏，認為重鑄五銖錢是「富田之本」。這次劉秀批准了他的奏請，重鑄的五銖錢在全國流通，天下稱便。由此可以看出，馬援還頗通理財之道。

當時有個叫維汜的神棍，妄稱得神授，妖言惑眾，有弟子數百人。即將暴亂時，維汜被官府逮繫處死。他的弟子李廣秉承其餘緒，謂維汜未死，已化為神，並聚黨作亂，攻占了晥城，自稱南嶽大師。劉秀命張宗帶兵數千人前去鎮壓，反為所敗。於是，劉秀便命馬援前往。馬援很快即將叛軍擊潰，擒殺李廣。馬援認為，對這些亂黨應斬草除根。他打了一個比喻，就像小孩頭上生了蝨子，「剃之蕩蕩，虮蝨無所復依。」沒想到劉秀也是個很幽默的人，他以宦官頭上有蝨子為名，命宦官將頭髮都剃去。馬援的一個比喻居然被皇帝變成了實際行動。由這件小事可以看出，馬援得到劉秀何等的信任。

四、南征交趾

交趾在歷史上又稱安南，大體相當於現在的越南北部。秦始皇曾在當地設象郡，治理如同內地。直到北宋以前，交趾與中國中原王朝的關係有時鬆一點，有時緊一點，但一直是中國屬地。直到北宋時，安南才脫離中國，成為一個獨立的國家，但也仍和中國保持著宗藩關係。

建武十三年，光武帝劉秀派蘇定鎮守交趾。蘇定不知恤民，對當地人民橫徵暴斂，激起當地人民的激烈反抗，這就是歷史上著名的「二徵起義」，即徵側、徵貳姐妹領導的反漢起義。徵側姐妹的起義得到群眾的廣泛同情，力量發展很快，連續攻占六十五城，徵側稱王。二徵的勢力很快蔓延至兩廣，連距離廣州不遠的合浦也被二徵攻占，嶺南震動。建武十七年，劉秀拜馬援為伏波將軍，率水陸軍南下。

馬援知道，南方濕熱多雨，時有疫疾流行，北方人難以適應。因此，馬援的部隊臨時發自長沙、桂陽、零陵、蒼梧四郡，僅萬餘人。馬援首先集兵於合浦，然後沿海岸南下，以精銳擊二徵於浪泊上，初戰告捷，斬首數千，降者萬餘。二徵的部隊連續向南撤退。建武十八年春天，馬援在交趾境內又連敗二徵，二徵的部隊實際上已處於瓦解狀態。第二年，馬援終將二徵擒獲殺掉，傳首洛陽，亂事大體平定。馬援在進入交趾後，四處張貼告示，宣布廢除蘇定的各種暴政，從而安定了民心，減輕了當地人民的敵視心理。這是馬援得以順利進軍的重要原因。

馬援擒殺二徵後，整頓水陸大軍，大小戰船二千餘艘，士卒二萬餘人，繼續征剿九真的餘黨，斬獲五千餘人，南土完全平定。馬援南巡至日南，立銅柱為界，留兵駐守。這支部隊的後裔即長期在當地生活下來，歷史上稱之為「馬流人」。建武二十年秋天，馬援整師回京。在這次遠征中，士卒因瘟疫而死去的近半數。倘若是北方來的士卒，因瘟疫而死去的人肯定會更多。

馬援在交趾四年，除平定叛亂外，還實行了許多人所稱道的措施。例如，分縣治理。他分設封溪、望海二縣，以便治理。其二，修建城郭，有毀壞者，則予修復，以便防守。其三，興修水利，凡可用於灌溉的河道，都修渠引水，以灌溉農田。此舉利民甚多，也是安定當地人民生活的一條重要措施。其四，使法律整齊劃一。馬援將當地的習慣法與漢律有違背處列出，有十多條，奏請朝廷劃一，以利遵守。一旦確定，則與百姓申明約束，共同遵守。當地百姓皆稱便，稱之為奉行馬將軍故事。其五，遷九真等地的豪右大姓三百餘戶於零陵等郡，以接受漢文化的教化，安定當地秩序。由這些措施可以看出，馬援還是一個頗為出色的政治家。

正因馬援在當地採取了許多利民措施，所以他深受當地人民的愛戴。據有關記載，直到本世紀五十年代初河內還保留著馬將軍廟，香火一直很盛。廟中奉祀著白盔、白甲、白髮如銀的白馬將軍，他就是馬援。

馬援看到，交趾的薏仁米比中原的大，且有驅除瘴氣的功效。於是，馬援在回京時就帶了一車薏仁米，以作為糧種。為此，馬援後來遭到人的誣告，說他在交趾劫掠，帶回一車珠寶。這就是歷史上的薏米明珠案，馬援因此而受到嚴厲的處罰。

五、馳騁疆場，馬革裹屍

馬援從交趾回京後，又有兩次大規模的出征：一是北征烏桓，一是南征諸苗。

馬援回京後得知，烏桓正在北邊為患，寇扶風，三輔告急，皇家在陝西的陵寢受到威脅。馬援回京後只一個多月即自請出征，一是這位老將報國心切，二是他威望高，遭到一些人的嫉妒，對他在交趾的一些做法進行攻擊。馬援為了表明效力國家的忠心，避開是非之地，便不顧自身的勞累，毅然請命出征。當時他對自己的朋友孟冀說了一段激動人心的話：「今皇上和京師臣民這樣隆重地迎勞我，使我很不安。功勞小而賞賜厚，怎麼能長久呢？你有什麼辦法嗎？」孟冀說：「愚不及。」馬援說：「方今匈奴、烏桓尚擾北邊，欲自請擊之。男兒要當死於邊野，以馬革裹屍還葬耳，何能臥床上在兒女子手中邪？」孟冀對馬援的豪言壯語極表欽佩。

光武帝劉秀答應了馬援的請求。建武二十年冬天，馬援率軍北征烏桓。烏桓本來騷擾陝西一帶，但馬援並未率兵直撲陝西，而是進軍至襄國（今河北邢台）。在一般人看來，似乎不可理解，實際上這是一種很高明的策略。這是因為，烏桓雖在陝西劫掠，但根據地是今河北的北部。馬援不直接去陝西，而且疾趨河北，是一種攻其根本的戰略。馬援所率領的只有三千騎兵，迅速向北挺進，意在截斷烏桓退路。這一招果然很靈，烏桓打探到馬援出兵的動向，擔心歸路被切斷，遂倉皇撤去，在陝西的禍患不戰自解。馬援這次出征，未動一刀一槍，而將陝西的禍患解除，滿朝文武對此都十分驚奇，對他的謀略都極表歎服。

建武二十四年，馬援進行了他最後的一次出征，這時他已六十二歲高齡。這次征討的對象是「五溪蠻」。所謂五溪，指雄溪、樠溪、酉溪、潕溪和辰溪，都是湘西的沅江支流。當時這裡聚居著苗族，被稱為五溪蠻。他們在上年即據險反叛。劉秀曾命武威將軍劉尚率軍往討。劉尚也是劉秀的宿將，以勇武著稱，在平蜀中立有大功。他屢經大敵，對五溪蠻這跳樑小丑不以為意，認為一舉可平，產生了輕敵情緒。他溯沅江而上，深入險地。五溪蠻探知劉尚深入，糧餉不繼，便據險固守，不與劉尚交戰。劉尚糧盡，只好引兵退回。蠻兵則一路追襲，劉尚大敗。劉秀為此頗為吃驚，便又命大將李嵩、馬成率軍往攻，亦不能勝，且損失慘重。正當劉秀和滿朝文武為此而憂心的時候，馬援再次請求出征。光武帝劉秀念其年事已高，初不許，但馬援連連堅請，自稱尚能披甲上馬。劉秀讓他當場試一試。馬援翻身上馬，按轡徐行，左右顧盼，精神抖擻。劉秀讚歎道：「這個老翁真精神啊！」遂命馬武、耿舒隨征，發四萬餘人隨行，盡聽馬援指揮。

不知出於什麼原因，馬援似乎預感到此行不祥，所以他對送行的親友說：「我受國家厚恩，年事已高，餘日無多，常恐不得死國事，今獲所願，甘心瞑目。只是怕一些貴冑子弟，有的在皇上身邊，有的隨我左右，特別難以共事，只是害怕這事罷了！」這話是有所指的。在劉秀身邊和自己身邊都有這樣的貴冑子弟，他們對馬援時加攻擊。由馬援「常恐不得死國事」這句話可知，馬援擔心受到陷害，寧肯為國死於疆場，也不願無故被陷害致死。這也正是馬援不顧年老而自請出征的重要原因。馬援個性強梗，對那些爵位雖高但並沒有什麼真本事的人很鄙視，而對那些奇才異士則極力提攜，雖貧賤也待如上賓。這使他得罪了不少人。例如梁松，當時是光武帝劉秀的駙馬，「貴重朝廷」。有一次到馬援家中探病，馬援不予答禮。當家人責備他這樣做失禮時，他說梁松是自己老友的兒子，自己是叔父輩，按照《禮記》，不必答禮。實際上，還是因馬援看不起梁松的為人。這使梁松耿耿於懷，一有時機便會對馬援加以陷害。像這類事還有許多，馬援心裡自然也清楚。因此，與其被這幫貴冑子弟陷害死於獄中，還不如為國事死於疆場。

建武二十五年，馬援率大軍進至臨鄉。當時蠻兵正進攻縣城，馬援揮師迎擊，大敗蠻兵，斬二千餘人。蠻兵敗走，退入竹林中。在下一步如何進軍的問題上，馬援和耿舒產生了不同的意見。有兩條路線可以進兵，一條經壺頭，在今沅陵縣東。這條路線較近，但水勢險惡。另一條取道於充，在武陵郡。這條路線較遠，但道路較平坦。耿舒主張走後一條路線，馬援則堅持走前一條路線。馬援認為，這條路雖比較艱險，但可以扼其咽喉；如取後條路線，則需要的糧食和時間都比較多，於軍不利。二人爭執不下，只好命人奏聞光武帝劉秀。劉秀批准了馬援的建議，於是便由壺頭進軍。馬援一軍於三月由壺頭山前進，蠻兵且戰且退。他們在一狹口處據高堅守，擂鼓吶喊以壯聲威，故意驚擾漢軍。由於水流湍急，船不易逆流而上，而天氣卻很快熱了起來，漢軍士卒患病的很多。馬援本人也中了暑，只好鑿石為室，以避暑氣。每當蠻兵鼓噪時，馬援即抬頭觀望，一股從容不迫之豪氣洋溢於眉宇間，令左右歎服。漢軍雖不得進，但蠻兵久不得食，軍心動搖，於是便向馬援乞降。這時馬援已死於軍中，由宗均受降。這場叛亂平息，漢軍班師回朝。馬援雖然未能親自受降，也沒能親眼看到勝利，但勝利的基礎還是馬援奠定的。

耿舒致書其兄耿弇，對馬援大加攻擊。耿弇在幫劉秀打天下的過程中多有戰功，由建威大將軍升至好畤侯，極受劉秀信用。耿弇將耿舒的信交給劉秀。劉秀很生氣，立命梁松馳至馬援軍中，責問馬援，代領其軍。梁松本來就對馬援有一肚子怨氣，這時總算找到了發洩的機會。但是，當梁松趕到軍中時，馬援已死，蠻兵已降。這使梁松失去了發威風的機會。梁松仍不肯罷休，與馬武、耿舒等一起誣陷馬援。回京後，光武帝劉秀命追回馬援的新息侯印綬。賓客故人連弔喪都不敢去，家人只是草草地將馬援葬於洛陽西。

家人並不知道馬援到底犯了什麼罪。喪事結束後，馬援的妻子和侄子馬嚴腰結草繩，一起到劉秀面前請罪。劉秀遂將梁松的上書拿了出來。馬援家人頓時明白，梁松以偽造的馬援家書作證據，對馬援大加誣陷。事情敗露後，劉秀將梁松召來責問，梁松叩頭謝罪，以致額頭上流出血來。奇怪的是，劉秀卻赦免了梁松，並未對梁松治罪。這時，馬武等人又上書彈劾馬援，說他從交趾回京時，帶回一大車珠寶。一些官員因沒有得到馬援的餽贈，對馬援不滿，也趁機對馬援進行攻擊。此事本屬虛枉，家人連上六疏訴冤，詞意哀切。光武帝劉秀為之心動，遂命對馬援正式安葬。劉秀從馬援的家書中看到，馬援對龍伯高頗推崇，於是便將龍伯高提升為零陵太守；馬援在家書中對杜季良頗為卑視，劉秀遂將杜季良免職。從劉秀的這些舉措上來看，他對馬援的話還是頗為相信的。但是，終光武帝劉秀一朝，並沒有為馬援平反昭雪。只是到章帝時，才追謚馬援為忠成侯，其冤始得昭雪。

馬援一生志在社稷，有勇有謀，歷經無數次戰陣，所向克捷，為安定祖國邊疆做出了巨大的貢獻。至於他死後所遭受的不公平對待，是一些勢利小人陷害的結果。這類政治傾軋歷朝都有，馬援也是這種政治傾軋的犧牲品。正如清人王先謙在《後漢書集解》中所說：「馬革裹屍，恰慰生平。」歷史是公正的，馬援的歷史功績是不可磨滅的。

本文主要資料來源：《後漢書》卷二四，〈馬援傳〉；卷八六，〈南蠻傳〉；卷九〇，〈烏桓傳〉。

「吾之子房」識高遠　助曹爭雄奇謀多

荀彧傳

晁霞

曹操經過連年征戰，最終統一了北方。這一方面歸於他個人的才智，另一方面也與得力謀士的籌劃密不可分。其中，荀彧就是他主要的謀士之一，被曹操稱為「吾之子房（張良）」，極受器重。曹操正是得力於荀彧的奇謀妙策，才得以雄踞兗、豫，並於官渡摧垮了袁紹勢力，然後東征西討，最終完成了統一北方的大業。

荀彧生活在東漢末年。隨著黃巾大起義的爆發，東漢王朝名存實亡。大大小小的軍閥都極力擴充自己的勢力，擴大地盤，展開了無休止的征戰，致使東漢末年成為戰亂不已、多災多難的時代。真所謂「亂世出英雄」，當時不僅產生了曹操、劉備、孫權等割據一方的軍閥，還湧現出了大批像荀彧、荀攸、郭嘉、諸葛亮這樣的謀士。正是在這些謀士的幫助下，這些軍閥才成就了一番可觀的事業。荀彧就是這個亂世湧現出來的傑出的謀士之一。

一、擇主而仕

荀彧（西元一六二年～西元二一二年），字文若，潁川潁陰（今河南許昌市）人。祖父荀淑，為東漢順帝至桓帝時期的知名人物，「有高才，王暢、李膺皆以為師，為朗陵侯相，號稱神君」。官至朗陵（今河南朗山縣）縣令。父親荀緄，兄弟八人，個個機智聰睿，號稱八龍。縣令苑康遂將他們所住的西豪里改為高陽里，以示讚譽。荀彧的父親排行第二，官至濟南國（今山東章丘）相。叔父荀爽，字慈明，「幼好學，年十二，通《春秋》、《論語》，耽思經典、不應徵命，積十數年。董卓秉政，復征爽，爽欲遁去，吏持之急。詔下郡，即拜平原相。行至苑陵，又追拜光祿勛。視事三日，策拜司空。爽起自布衣，九十五日而至三公」。在八兄弟中才學政績最為顯赫。另一叔父荀靖，亦是才智超群，「隱居終身」，乃當時一位聲名赫赫的隱士。

出生於這樣一個名門世家，荀彧自幼就受到了良好的文化熏陶。荀彧少年時期就顯示出了他的卓絕不群和賢聖之資。南陽（今屬河南）何顒詫異於他的經天緯地之才，稱他「王佐才也」。

中平六年（西元一八九年），荀彧被本郡察舉為孝廉，拜守宮令。時值漢靈帝病死，董卓擅政，荀彧目睹了洛陽的混亂世態，認為朝中不可久留，請求外出補吏。被授予亢父（今山東兗州市南）縣令後，荀彧看出天下即將大亂，遂棄官返回故鄉潁陰高陽里。這一時期，是荀彧政治生涯的開端，並使他有機會接觸到社會的各個方面，對時勢看得更加分明，思想也更為敏銳。

荀彧分析當時的政治形勢，料到董卓必會殘虐百姓，潁川距洛陽不遠，可能會禍及鄉里。荀彧擔心鄉鄰們的安全，勸他們說：「潁川，四戰之地也，天下有變，常為兵衝。……宜亟避之。」但鄉鄰留戀故土，難捨家園，並對荀彧的勸告將信將疑，最終沒有接受他的建議。任冀州（今河北臨漳縣）牧的同郡人韓馥，派車騎來接鄉親們到冀州去，荀彧再三痛陳利害，勸父老鄉親前往，但仍未果。他悲痛之餘，只好領本宗族的人逃往冀州。

果不出荀彧所料，董卓不久便派部將李傕等出兵關東。所到之處，大肆燒殺搶掠，留在潁川的父老鄉親，多被殺戮，室廬蕩然，行旅斷絕。劫後餘生的鄉親這才後悔沒有聽從荀彧的忠告。

荀彧到了冀州，深得韓馥信賴，予以重任。初平二年（西元一九一年）秋，韓馥被袁紹削去冀州牧之職。袁紹久聞荀彧的大名，知他才智超群，待之以上賓之禮。荀彧的弟弟荀諶，同郡人辛評、郭圖等，也都被袁紹委以重任。

袁紹出身豪門，汝南人，「四世居三公位，由是勢順天下」。荀彧亦久聞袁紹大名，原想協助他成就一番大事業。但是，荀彧和他交往不久，便發現，他表面不可一世，內裡卻是少謀寡斷，終難輔之共建大業。於是，他便打算另覓明主，以期實現自己的遠大抱負。他靜觀世變，決心待時而行。

其時，奮武將軍曹操率兵進入東郡（今河南濮陽市），大敗黑山農民起義軍白繞部，被袁紹上表朝廷，拜為東郡太守。在當時的割據者中，曹操對東漢的黑暗統治和農民起義的威力有較深的認識，是地主階級的一個較有遠見的人物。當時曹操的影響和勢力遠遜於袁紹，但荀彧看出此人有雄才大略，能成大事。因此，荀彧毅然離開袁紹，往東郡投靠曹操。荀彧擇主而仕，是其大智使然，亦是他的高明之處。曹操見荀彧來投，談話極為投機，喜不自勝，當眾讚許荀彧說：「吾之子房也！」即將他比為劉邦的大謀士張良，並拜他為司馬，參決帷幄。是年荀彧僅二十九歲。

二、智守三城

初平三年（西元一九二年），曹操領兗州牧，不久升為鎮東將軍。荀彧常以司馬之職伴其左右，為之出謀劃策。興平元年（西元一九四年），曹操再次東征，討伐徐州牧陶謙，委託荀彧、程昱留守鄄城、范縣、東阿三縣。曹操率主力攻入徐州，連拔王城，一直打到東海郡（今山東郯城縣）。正在這時，兗州城內發生了譁變，曹操被迫撤兵。

打出叛曹大旗的為張邈和陳宮兩人。張邈，字孟卓，任陳留（今河南開封市）太守。他本與曹操關係甚密，曾一同起兵討伐董卓。後因譏諷袁紹驕矜，遭其嫉恨，命曹操殺掉他，被曹操婉拒。這使張邈感恩不已。初平四年（西元一九三年），曹操東征陶謙，囑家人「我若不還，往依孟卓」。足見彼此友情深厚。

及至曹操出任兗州牧，位在張邈之上，張邈便心懷不滿；同時曹操在兗州採取了一系列嚴厲措施，處死了兗州名士邊讓，也使張邈心懷疑懼，擔心有朝一日遭曹操暗算。恰好其弟張超引陳宮來見，陳宮說張邈道：「今天下分崩，英雄並起；君以千里之外，而反受制於人，不亦鄙乎！今曹操東征，兖州空虛；呂布乃當今英雄，若與之共謀兖州，霸業可成矣！」張邈大喜，遂用陳宮之言。迎呂布於濮陽，並推其為兖州牧。張邈、陳宮駐兖州已十多年之久，勢力雄厚，在他們的號召下，各郡縣紛起叛曹而應呂布。兖州所屬郡縣只有鄄城、范縣、東阿三城仍為荀彧堅守，受曹操節制。

荀彧坐守危城，當機立斷，將駐紮東郡的夏侯惇的軍隊調回鄄城，同時火速派人將張邈叛亂事告知曹操。在夏侯惇到達的當晚，荀彧與之密商，下令將城內數十名謀叛者處死，穩定了軍心，充分顯示了一個謀略家的臨危不亂、果敢剛毅。這為曹操保住了一個穩定的後方。

這時豫州刺史郭貢率軍數萬來到鄄城城下，求見荀彧。城中人紛傳郭貢與呂布同謀，當時城中留守兵力很少，人心惶惶。夏侯惇阻荀彧，說此次前去，如入虎穴，凶多吉少，況君肩負鎮守兖州重任，若遭不幸，軍心必定渙散。荀彧說：「郭貢張邈交往並不密切，此次前來，定無明確計畫，我趁時去勸說，希望爭取他的幫助，即使不能，也可以勸其中立。如果我們拒絕他，只會促使他與張邈聯合。」荀彧出城前往郭貢營中，隨身只帶了名隨從。果不出荀彧所料，郭貢與他交談時，看他談笑自若，對答如流，認定鄄城有備，不易攻取，遂引兵而退。在當時的混亂形勢下，尤其在面臨危局、士氣萎靡之際，荀彧以自己的智慧，高瞻遠矚，放眼大局，不顧個人安危，終於使鄄城化險為夷，實是難能可貴。

鄄城之危剛解除，東阿、范縣又面臨危境。陳宮揚言要親自率兵攻取東阿，同時命汜嶷進攻范縣。荀彧派程昱前往二城探視。程昱，字仲德，東阿人，亦為荀彧薦於曹操的一名謀臣。臨行前，荀彧對他說：「非深結民心，三城必動，」強調了贏得人心的重要性。程昱先到了范縣，對縣令勒允說：「陳宮、呂布此次叛亂，兵多而無謀，終必無成。君固守范，我守東阿，此功必將名垂青史。望君三思！」勒允聞此，自是感激涕零，表示：「不敢有二心！」乃全力守城。程昱又命人扼守倉亭津，使陳宮無法渡河。他接著又連夜趕往東阿。此時東阿令棗祇已部署停當，堅守城池。

曹操聞變，急忙引軍回師，在濮陽與呂布相持三個多月。這年「蝗蟲忽起，食盡稻穀，人民相食」，因糧草匱乏，遂各自收兵。曹操雖失兗州、濮陽兩城，卻由於荀彧的智守，保全了鄄城、東阿、范縣三處，使張邈的叛亂未對曹操造成太大的破壞。

三、諫迎漢獻帝

同年陶謙病死，劉備領徐州牧。在鄄城的曹操得知這個消息後，立即傳令起兵，打算先進攻徐州，再滅呂布。荀彧認為此計為下策，便進諫說：「先前漢高祖守關中，光武帝拒河內，都是以深固根本而制天下。兗州為將軍創業之地，且位於黃河、濟水之間，乃昔日的關中、河內。今若取徐州，兗州將不保；若徐州不得，將軍將無安身之地。今日劉備守徐州，深得當地民心，如我去攻，徐州人民必助劉備死守城郭。倒不如向東先攻陳地，然後攻汝南、潁川，那裡多糧食玉帛，為黃巾餘黨所據，破而取其糧食，才是順天意之舉。」曹操聞言，遂放棄了原先的起兵計畫，依荀彧之計而行。興平二年（西元一九五年），曹操大敗呂布，復得兗州，接著進兵濮陽。呂布敗走，引兵奪定陶而去，曹操又得濮陽。至此，山東一境，盡為曹操所得。由此可見，荀彧早已對眼下局勢瞭如指掌，兼之其智慮深遠，老成持重，因此，常被曹操委以重任，指揮危難戰事。

曹操平定了山東，上奏朝廷，被封為建德將軍費亭侯。當時，董卓餘黨李傕自為大司馬，郭汜自為大將軍，二人相互殘殺，長安城大亂。建安元年（西元一九六年），漢獻帝離開長安，由軍士護駕東歸洛陽。自經董卓之亂，洛陽已破敗不堪。還都之後，朝廷百官連歇身之處都沒有，糧食匱乏，而各州郡的牧守，皆擁兵自重，對皇帝的困境不屑一顧。曹操聞聽，即召部下商議。許多人反對迎漢獻帝，荀彧進言說：「先前晉文公納周襄王而諸侯服從，漢高祖為義帝而天下歸心。現在天子遭難，將軍趁此機會起兵奉駕，乃為順應民心。如不早行動被其他人迎去，到時後悔也來不及了。」這雖係一言之諫，卻極為重要。因為當時欲奪漢獻帝的大有人在。因為漢獻帝在名義上仍是天下公認的君主，仍有很大的號召力。誰控制了漢獻帝，誰就可以在政治上取得優勢。袁紹的謀士沮授曾力勸迎帝，未被袁紹接受。官渡之戰前期，許攸仍試圖勸說袁紹：「公無與操相攻也。急分諸軍持之，而徑從他道迎天子，則事立濟矣。」又遭其拒絕。待到曹操將漢獻帝迎往許昌時，袁紹才後悔不迭，然而為時已晚。江東的孫策也有此意，建安五年（西元二〇〇年），曹操與袁紹相拒於官渡，孫策欲偷襲許昌，迎漢獻帝。他還未起兵，即被刺客殺害，此事就胎死腹中。

曹操依荀彧所言，親自領大隊人馬往洛陽，勸獻帝遷往許都。帝不敢不從，曹操遂引軍護行，群臣皆隨同前往。從此，曹操「挾天子以令諸侯」，牢牢控制了東漢政府，在政治上占了很大的優勢。他在許都和其他地方設立屯田，積蓄軍資，鞏固了軍事勢力。他相繼消滅了黃河以南許多割據勢力，接著便與河北的袁紹展開了爭戰。

四、官渡大捷

經過黃巾起義的打擊，東漢的中央集權力量大大削弱，統治階級的內部矛盾日益激化。各地的州郡牧守為了爭權奪地，紛紛起兵。經過五、六年複雜的分化組合，到建安四年（西元一九九年），全國大的割據勢力便剩下孫策（據江東），劉表（占荊州），劉璋（據益州），韓遂、馬騰（占有涼州），公孫度（盤踞遼東）等六、七股，最大的割據勢力是中原地區的袁紹和曹操。

袁紹出身世家大族，在討伐董卓時被推為盟主。他首先從韓馥手中奪取冀州，接著又把勢力伸到幽、青、並三州，是北方最強大的割據力量。當時他並不把曹操放在眼裡。對曹操來說，當時北有袁紹，南有張繡，東有呂布，西有韓遂、馬騰。曹操四面受敵，形勢頗為嚴峻。

曹操在宛（今河南南陽）被張繡戰敗後，袁紹更是狂傲。他致曹操一封信，言稱要借糧借兵，出擊公孫瓚，詞意十分驕慢。曹操見信，頗為害怕，寢不安席。他問荀彧：「欲討伐不義之人，只恨力量不足，希望聽一下您的意見。」當時袁紹擁有大軍十萬，戰馬萬匹。曹操用來抗袁的軍隊，只有一、二萬人。無論從軍隊、物質的數量，還是後方力量的強弱，曹操都遠遠遜於袁紹。雙方兵力如此懸殊，因而曹操躊躇不決，認為力量不敵袁紹。主帥尚且如此，其餘諸將的畏敵情緒也就不為怪了。正是在這樣的關鍵時刻，才得見謀略家的非凡氣概。荀彧力排眾議，向曹操分析形勢說：

「兵家成敗，貴在人的才智，而非一時力量的強弱。劉邦項羽，一存一亡，即是明證。今袁紹雖強，卻不足為懼。在用人上，袁紹任人唯親，而將軍唯才是舉；在策略上，袁紹多謀少決，而將軍能當機立斷；在治軍上，袁紹法令不嚴，士氣萎靡，將軍則賞罰嚴明，上下齊心；在德性上，袁紹好大喜功，吸收了一批好名之徒，而將軍以仁待人，行為嚴謹。從以上四方面而言，將軍定能克敵制勝。」曹操聽後，精神為之一振，堅定了戰勝袁紹的決心。

事實也確如荀彧所言。袁紹雖據四州，但在冀州「使豪強擅恣，親戚兼併，下民貧弱，代出租賦」，使不少老百姓傾家蕩產，其子袁譚在青州抓丁，「放兵捕索，如獵鳥獸」，更是殘暴無比。而曹操由於荀彧等人輔佐，苦心焦思，勵精圖治，勢力已大為增強。建安二年（西元一九七年），曹操大敗袁術於蘄縣（安徽宿縣）。建安三年（西元一九八年），曹操攻取徐州，殺呂布。同年，又大敗張繡和劉表的聯軍。次年，張繡投降曹操。建安五年（西元二〇〇年），曹操擊潰在徐州下邳（江蘇邳州市）劉備的勢力，並先後派人打著漢獻帝的名義到關中籠絡勢力。曹操自初平三年（西元一九二年）冬收編青州兵以來，歷時八年，先後擊敗袁術、陶謙、張繡、劉表、呂布、劉備等人，取得中原逐鹿的初步勝利，為統一北方奠定了基礎。

在袁、曹兩軍相持的時候，孔融來見荀彧說：「袁紹地廣民強，籌劃有田豐、許攸等智士，處事有審配、逢紀等忠臣，率兵有顏良、文醜等勇將，將軍怕難以勝他吧？」荀彧笑著回答道：「袁紹兵多而軍紀不嚴，內部爾虞我詐。田豐雖剛卻好犯上，許攸貪婪不聽約束，審配專橫少謀，逢紀果斷卻剛愎自用；這些人彼此不相容，必生內變。此時審配、逢紀二人留守鄴城，一旦許攸的家人犯法，他們二人一定會查究，這樣許攸必生二心，挑起事端。顏良、文醜，乃匹夫之勇，一戰可擒。」荀彧曾經客居冀州，又是位頗具心計的謀士，對袁紹內部情況早已瞭如指掌。在官渡之戰中，審配以許攸家不法，逮繫其妻子，許攸怒而背叛袁紹，顏良、文醜臨陣被關羽所殺，田豐以力諫而被誅。這種結局，一如荀彧所料。

在連連取勝、軍力強大起來的情況下，荀彧不失時機地提出了先除呂布的建議。他分析說：「不先除掉呂布，河北的袁紹更不易攻取。」作為一個深沉、練達的謀略家，荀彧的計畫是大膽、高明而穩妥的。他事事多思多慮，做到有備無患。曹操也贊同他的建議，卻又擔心袁紹會趁這個機會而內犯。荀彧分析說：「關中的將帥中，唯韓遂、馬超最為強大，在關東群雄相爭之機，他們二人必會各自擁兵自保。如派使者去說之聯合，雖不能長久安定關中，但在將軍平定關東之前，不可能出現大的事故。將軍可派鐘繇安撫關中，那麼此次東征就無後顧之憂了。」曹操依計而行，派鐘繇撫定關中，然後親率大軍東征呂布，平定徐州。至此，曹操基本上統一了黃河以南的中原地區，開始全力對付黃河以北的袁紹。

雙方相持一段時間後，曹操兵少糧絕，在強弱不敵的形勢下，許多將領心生動搖，有的還私自寫信給袁紹以謀生路。在這種危急形勢下，曹操亦欲放棄官渡，退保許昌。為慎重起見，曹操寫信給駐守許昌的荀彧徵詢意見。荀彧以謀略家的深沉，向曹操進諫道：「而今兵糧雖少，卻不比楚、漢相持之際程度嚴重。因為深知先退者勢屈的道理，劉邦和項羽都不言退兵。將軍以一萬兵力阻扼袁紹十萬大軍已達半年之久，使他不能前進一步。袁紹的兵力已快用盡，形勢必會發生變化，正是出奇制勝時刻，將軍切不可喪失良機。」荀彧認為，此乃成敗關鍵之時，不可功虧一簣，此時退兵，後患無窮。荀彧很有見地，因為戰爭中的有利形勢和主動權的獲得，往往存在於再堅持一下的努力中。曹操欣然從諫，又出奇兵焚燒袁軍糧草，襲烏巢，殺淳于瓊。荀彧又徵集了一批糧草到官渡。烏巢糧草被燒和淳于瓊戰死的消息傳到官渡，袁軍軍心大為動搖，鬥志迅速瓦解，不戰自亂。曹操乘勢發動全面進攻，袁紹倉皇中只帶兒子袁譚和八百多親兵逃回河北，餘下的七萬多軍士被曹操坑殺。官渡一戰中，曹操消滅了袁紹的主力，為統一北方掃除了最大的障礙。

官渡之戰，是中國古代戰爭史上以弱勝強的著名戰例。曹操在這一戰役中取得最終勝利，主要應歸功於荀彧的奇謀妙略。由於荀彧的輔佐策劃，曹操面對袁軍的優勢進攻，採取了以逸待勞、後發制人的方針，以官渡作為退卻終點，是完全正確的。在長期的防禦戰中，曹操又聽取荀彧的意見，放棄了從官渡退兵的錯誤主張，堅守官渡，終於收到奇襲烏巢的反攻戰機，取得了反攻的決定性勝利。

曹操後來為荀彧上表請功，對荀彧力阻退兵，坐以待機，最終擊潰袁軍的戰術給予極高的評價。

官渡之戰後，曹操軍隊缺糧嚴重，能否乘勝進軍河北袁紹，曹操又心存疑慮，便欲南下討伐劉表。荀彧認為此計不可取。他分析形勢說：「袁紹已敗，軍心不穩，應乘機北征，平定河北；若率軍遠征江漢地區，袁紹就會捲土而來，乘虛襲我後方，則我大事不成。」曹操依荀彧所言，引軍駐紮在黃河南岸。不久，袁紹憂憤而死。其子袁譚、袁尚爭位，發生內訌。曹操乘機引兵北渡黃河，斬袁譚，袁熙與袁尚投奔塞外的烏桓部族。曹操攻下鄴城，相繼占領青、冀、幽、並四州，統一北方的事業基本完成。

建安十二年（西元二〇七年），曹操率大軍出盧龍塞（河北喜峰口），大破蹋頓和袁氏的聯軍。這對於鞏固中原統一，保障人民安居生產，起了積極的作用。

曹操再次上表為荀彧請功，提到了此次堅持北征的謀略，並薦許說：「彧之二策，以亡為存，以禍致福。謀殊功異，臣所不及也。」

曹操統一北方後，想乘勝統一全國。建安十三年（西元二〇八年），他企圖奪取劉表割據的荊州（今湖北襄陽），和依附於劉表的劉備，然後再進占江東。曹操徵求荀彧意見時，荀彧為其出謀：「現在北方已經統一，南方已有危機感。將軍可令大軍出擊葉縣宛城，同時命精銳騎兵抄小路行進，出其不意，攻其不備。」曹操於是依計而行。

曹操的軍隊還未到荊州，劉表病死，少子劉琮代立，向曹操投降。曹操不費一兵一卒，攻占了荊州，接著又率兵至長坂（今湖北當陽境）擊潰了劉備的軍隊。

五、舉賢使能

荀彧勇敢機智，多謀善斷，為曹操立下了汗馬功勞，但他卻從不爭功。

早在建安八年，曹操鑑於荀彧的功勞，特上表朝廷，請封荀彧為萬歲亭侯，並稱「天下所以平定，荀彧的功勞不可埋沒。」荀彧極力推辭，未把表文上奏。曹操又寫信勸說，荀彧才勉強同意。

建安十二年，曹操為表彰荀彧在官渡之戰和北征袁紹的功勞，又上表為荀彧請功，經曹操再三勸說，荀彧方接受增邑二千戶。

曹操上表獻帝，欲拜荀彧為三公之職，荀彧堅辭不受。

鐘繇以荀彧比顏淵，自嘆望塵莫及，連司馬繇也讚歎「吾自耳目所從聞見，逮百數十年間，賢才未有及荀令君者也」，認為荀彧的謙恭為人沒有幾位賢人能比。

荀彧自投身曹操，時時隨侍左右，清廉自持，受上下共仰，群僚擁戴。曹操主動將女兒嫁與荀彧長子，結為秦晉之好。

曹操由弱變強，一舉統一北方，和他的智囊團關係密切。這些智囊團中的賢相能將大多是荀彧薦舉的。如荀攸、程昱、郭嘉、華歆等人，均係荀彧引薦，多成為一代名臣，有的位至卿相。

其他如辛毗、仲長統、司馬懿等人，皆才智超群。司馬懿父子為曹魏政權的建立與鞏固立了大功。最終取而代之，亦是一代傑出之士。

荀彧薦舉的人才，連曹操亦為之歎賞有加，「以彧為知人，諸所進達者皆稱職」。這些被推薦的人才，不僅為曹操統一北方立下了汗馬功勞，甚而在魏國建立後，仍起著至關重要的作用。

荀彧對曹操無疑是忠貞無二的。司馬光在評論荀彧時說：「荀彧佐魏武而興亡，舉賢用能，訓卒厲兵，決計發策，征伐四方，遂能以弱為強，化亂為治，十分天下而有其八，其功豈在管仲之後乎！」他以卓異的見識，嘔心瀝血地為曹操運籌謀劃，為曹操事業的擴大立下了汗馬功勞。但曹操的目的是創曹魏家業，這與荀彧重整漢室的初衷背道而馳。建安十七年（西元二一二年），董昭與其他諸將商議，為表彰曹操功勛，欲將其晉爵為國公，加九錫，以此意問之於荀彧。荀彧表示反對，認為將軍應匡扶朝廷、興盛漢室。曹操得知荀彧的態度後，便懷恨在心。

這年十月，曹操南征孫權，上表請荀彧到亳（今安徽亳州）慰勞將士。荀彧犒師禮畢，曹操將其留在軍中，參決軍事。曹操進軍到濡須（今安徽無為縣），荀彧有病留在壽春（今安徽壽縣）。曹操送給荀彧一盒食物，打開竟無一物。荀彧憤鬱積心，自知不為曹操所容，遂服毒身亡，終年五十歲。

本文主要資料來源：《三國志》卷一〇，〈荀彧傳〉；《三國志》卷一，〈魏武帝本紀〉；《後漢書》卷七〇，〈荀彧傳〉。

荀攸傳

姚建／張景霞

荀攸是東漢末年大政治家、大軍事家曹操的主要謀士之一。曹操征伐四方，他常常隨侍左右，深謀遠慮，奇計迭出，為曹操集團的發展和壯大起了重要作用。

一、聰明少年

曹操曾說：「汝、潁地區多奇士。」這主要就是指荀攸、荀彧等說的。荀攸（西元一五七年～西元二一四年），字公達，就出生在人傑地靈的潁川潁陰（今河南省許昌市）。荀家是當地的名門望族。荀攸的祖父荀曇，字元智，在東漢時為廣陵（今江蘇省揚州市西北）太守。荀曇之兄荀昱，字伯修，為當時的名士，與李膺、王暢、杜密等八人被太學生們稱為「八俊」，官至沛國（今安徽省濉溪縣西北）相。史稱荀昱、荀曇兄弟二人「並傑俊有殊才」，成為當時人們的楷模和表率。荀攸的父親荀彝，與曹操的另一位主謀士荀彧為從祖兄弟，曾任州從事之職。

荀攸自幼聰穎，又喜愛博覽群書，因此常常表現得與眾不同。他七、八歲時，有一次叔父荀衢喝醉了酒，無意中誤傷了他的耳朵。他怕叔父酒醒後看見自己的耳朵受傷而心中難受自責，出入和遊戲時總是小心翼翼地將受傷的耳朵遮掩起來，不讓叔父看到。後來荀衢和家裡人知道了這件事，瞭解到他的苦心之後，對他的聰明早慧和善解人意大為驚異。

荀攸幼年喪父，又聰明可愛，祖父和叔父都對他分外疼愛，呵護有加，對他的學業也特別關心。學問淵博，造詣極深的祖父荀曇對他耐心教誨，悉心傳授，這對荀攸的成長起了重要作用。不幸的是，荀攸十三歲時，祖父因病去世了，荀攸悲痛萬分。正當一家人忙於料理後事之時，祖父的一個名叫張權的故吏從外地匆匆趕來弔喪。他在靈前掩面長號，如喪考妣。還一再訴說太守生前待他不薄，為報答太守的大恩大德，他要為太守長期守墓。荀家人正處於極度悲傷中，這時都被這位故吏的仁孝感動了，準備答應他的這個請求。只有少年荀攸覺得此事有點蹊蹺。他想，祖父生前並未曾說起與此人有何深交，對此人也並無什麼大恩。此人既非自己的尊親至愛，又無深交和恩惠，卻極力要求來守墓，這是不符合人之常情的。於是他仔細觀察張權的神色，發現他言辭閃爍，似有所隱；面帶驚憂，似有所懼。於是趕忙悄悄地對叔父荀衢說：「我看此人神色緊張，所求反常，大概是幹了什麼壞事吧？」叔父經荀攸這麼一提醒，馬上將張權叫過來仔細詢問。張權做賊心虛，以為什麼地方露了馬腳，被抓住了把柄，只好供認自己殺了人，畏罪逃亡在外，企圖以守墓為名在墓地藏匿，以此來躲避官府的追捕。事情真相大白以後，人們為荀攸超人的聰明才智驚嘆不已，叔父對他也更加器重，認為他將來一定可以成為棟樑之材。

隨著時間的流逝，年輕的荀攸已成為滿腹經綸，學貫古今的名士。他名聲越來越大，連當時的京師洛陽也無人不知。中平六年（西元一八九年）四月，漢靈帝病死，少帝即位，外戚大將軍何進執掌朝政，徵召天下名士二十餘人進京，荀攸也名列其中。州郡長吏以禮發遣，送到洛陽，朝廷授荀攸以黃門侍郎之職。

二、初露鋒芒

漢靈帝死後，何太后臨朝聽政。何進與袁紹謀誅宦官，太后不允。於是何進「引狼入室」，召盤踞在河東（今山西省南部）以觀時變的軍閥董卓擁兵入京，妄圖以此來威脅何太后。野心勃勃的董卓聞訊後大喜，立即提兵進入洛陽。這時，何進已被宦官殺死，袁紹帶兵入宮，殺死宦官二千餘人，基本上肅清了宦官勢力。董卓入京後，立即廢少帝劉辯為弘農王，立陳留王劉協為傀儡皇帝，是為漢獻帝。董卓肆無忌憚地殘殺朝臣，廢殺何太后，並縱兵搶掠殺戮，淫掠婦女，史稱「董卓之亂」。董卓的暴虐激起人民的深切痛恨，有志之士也極為不滿。

初平元年（西元一九〇年）春正月，後將軍袁術、冀州牧韓馥、豫州刺史孔伷、兗州刺史劉岱、河內太守王匡、勃海太守袁紹等關東地區州郡長吏紛紛起兵，討伐董卓。眾人推袁紹為盟主，從東、北、南三面對洛陽形成包圍之勢。二月，董卓見形勢不妙，忙脅迫漢獻帝劉協遷都長安（今陝西省西安市）。荀攸也與朝臣一起隨獻帝入關，到達長安。

袁紹等畏懼董卓兵強，均不敢首先出兵，只有曹操大膽西進，卻一戰大敗。初出茅廬、血氣方剛的荀攸見董卓暴戾恣睢，胡作非為，義軍則如一盤散沙，畏敵不前，擔心漢朝社稷易主，生靈塗炭，決心誅殺董卓，匡扶朝廷，拯民於水火。他約同道好友議郎鄭泰、何顒，侍中種輯，越騎校尉伍瓊等到家中密謀此事。他慷慨激昂地說：「董卓的兇殘無道，比夏桀、商紂有過之而無不及，天下民眾無不切齒痛恨。他雖然執掌朝政，又手握重兵，貌似不可一世，實際上外強中乾，不過是一個獨夫民賊。現在我們誅殺他以告慰天下百姓，然後據守崤山、函谷之險，輔佐獻帝來號令四方，這就是春秋時期齊桓公和晉文公那樣的救亡圖存的壯舉啊！」鄭泰等人聽了荀攸的話，熱血沸騰，紛紛點頭表示贊同。他們一起謀劃了暗殺董卓的具體行動步驟，並開始分頭準備。他們都明白，這是九死一生的危險之舉，但對於身在朝廷心憂天下的荀攸等仁人志士來說，這又是必須採取的行動。然而，老奸巨猾、異常乖覺的董卓周圍護衛森嚴，爪牙遍布。就在事將垂成之時，被董卓同黨發覺。董卓大怒，把荀攸、何顒作為主謀逮捕入獄，並欲以此為突破口，一網打盡其同黨。何顒雖然名氣很大，曾和名臣太傅陳蕃、司農李膺等人交往深厚，但秉性怯懦。此時鋃鐺入獄，竟心如死灰，寢食皆廢，於獄中自殺身亡。而年輕的荀攸早已抱定必死的決心，對身陷囹圄毫不在意，在獄中飲食自若，言語激昂，凜然不可侵犯，連獄吏都讚歎不已。初平三年（西元一九二年）四月，董卓被其部將呂布殺死。消息傳開，人心大快，荀攸也得以無罪釋放。刺殺董卓，雖由呂布實現，而非荀攸親手完成，但荀攸的除奸報國之志，視死如歸之勇，卻是值得讚許的。這種大智大勇成為他日後謀士生涯的重要特點。

三、輔助曹操

荀攸出獄後，辭去在朝廷的官職，返回家鄉潁川，以躲避關中的戰亂。時過不久，他又被公府辟召，舉為任城（今山東省微山縣西北）國相。他認為任城土地平闊，交通方便，戰亂遲早會波及，不願前往就職。他經過周密考慮，認為巴蜀漢中地區偏遠，又依山阻水，形勢險固，內地軍隊不易到達，而且人口眾多，殷實富足，素有「天府之國」美稱，可以安身立命而有所作為。於是就請求擔任蜀郡太守，並得到了朝廷的批准。他擇日啟程，取道南陽、襄陽赴任。等他到達襄陽時，由於戰亂，西去的道路已隔絕不通，只得在襄陽暫住，以觀時變。

建安元年（西元一九六年），曹操奉迎漢獻帝從洛陽遷都許昌，「挾天子以令諸侯」，取得政治上的主動。他的主要謀士荀彧被留在許都處理朝廷庶務。曹操急於網羅人才，大展鴻圖，便問荀彧：「誰能替代你為我出謀劃策？」荀彧回答：「荀攸、鐘繇二人可以。」曹操聞聽大喜，派人專程前往襄陽，送親筆書信給荀攸，請他出山相助。信中說：「如今天下大亂，正是智士勞心、建功立業的大好時機。先生卻以蜀漢郡守之職獨處一隅，靜觀天下之變，時間不是太長了嗎？現在該是先生出山施展才能的時候了。」曹操並以朝廷名義，徵拜荀攸為汝南（今河南省平輿縣北）太守。荀攸欣然應命，隨即入朝。曹操久聞荀攸大名，如今來到身邊，即刻請來相見。兩人促膝交談，縱論天下大勢，非常投機。曹操見到荀彧和鐘繇，高興地說：「荀公達不是尋常之人，胸懷非常之才。有他與我共謀大事，統一天下又有何難？」於是，立即任命荀攸為軍師，交給他謀劃軍機的重任。荀攸也為自己被曹操知遇而高興。從此，荀攸隨從曹操南征北戰，屢獻奇策。

建安三年（西元一九八年），曹操提點兵馬，征討南陽張繡。荀攸分析了南陽形勢，向曹操建議說：「如今張繡與荊州牧劉表結好，互為依靠，逞強一方。但是張繡所部是一支沒有任何根基的遊軍，糧草軍需都依仗劉表供應。如果劉表擔負不起這個沉重的供應任務，張繡勢必與之分裂。將軍與其大兵壓境，損耗兵馬，不如緩兵以待其變生。變生便可為我所用，可以乘機引誘張繡，使其歸附。如果現在急攻張繡，劉表害怕勢孤，必定發兵救援。兩軍相合，將軍就不易得手了。」在這裡，荀攸並不是孤立地看待張繡，而是高瞻遠矚，以戰略家的眼光，對有關的各方政治軍事勢力及其相互聯繫，做了全局性的分析。特別是對劉表和張繡基於利害關係的行動，其預見是十分準確和精闢的。可惜的是，曹操認為大軍既出，不能不戰而還，沒有聽取荀攸的緩兵之計。三月，曹操引軍至穰城（今河南省鄧州市），向張繡發動了進攻。張繡危急，忙向劉表求救。劉表深知「唇亡齒寒」的道理，遂於五月出兵援救張繡。劉表的軍隊直插曹軍後方，曹操被迫撤圍退軍。張繡乘勝來追，直至安眾（今河南省南陽市北）。曹軍前後受敵，進退兩難，曹操後悔不已。他對荀攸說：「唉！都是我沒有聽從先生之言，才一至如此。」荀攸勸道：「勝敗乃兵家常事，將軍不必憂慮。我們仍可以智取勝。」在這十分危急的情勢下，荀攸以回春妙手，力挽敗局。他與曹操巧設奇計：夜間悄悄在險要地帶挖鑿地道，先把輜重軍需全部運過去，又埋伏下一支奇兵。天亮之後，張繡以為曹操逃走了，率全部軍隊來追。埋伏的曹軍步騎夾攻，張繡措手不及，大敗而逃。荀攸在這裡表現出非凡的謀略才幹，曹操對他的謀劃從此深信不疑。

四、智除呂布

建安三年（西元一九八年）秋，呂布與袁術聯合，派大將高順進攻劉備。劉備應戰不利，向曹操求援。曹操派夏侯惇援救，卻連戰失利，大丟顏面。曹操大怒，準備親自東征呂布。許多謀士認為，劉表、張繡尚在身後虎視眈眈，此時出師遠征呂布，如果劉表、張繡乘機襲擊許都，形勢就十分危險了。而荀攸卻力排眾議，說：「劉表、張繡的軍隊剛被我軍打敗，必然不敢輕舉妄動。呂布驍勇善戰，又依仗袁術的力量作為後盾，對我們有很大威脅。如果任其縱橫於淮河、泗水之間，當地豪傑必然會響應歸附於他。如今乘呂布剛剛叛離、眾心尚未統一之時，立即前去攻擊，必定可以一鼓作氣打敗他。」曹操對荀攸的分析極為贊同，連聲稱好。

九月，曹操率軍東征呂布。等到曹軍到達徐淮地區時，呂布已將劉備打敗。曹操急忙進軍下邳（今江蘇省睢寧縣西北）。呂布親率騎兵迎戰。曹軍攻勢迅猛，呂布大敗，退守城中。曹操領兵將下鄭城圍得水洩不通，並一再猛攻。呂布在謀士陳宮等人的輔佐下，拚死守城。曹操久攻不下，時間一長，士卒疲憊不堪，怨聲載道。曹操無奈之下準備班師回朝。荀攸見下邳城堅難攻，心中同樣也很焦急。但他對最終大敗呂布還是充滿信心的，然而想不到在攻城的關鍵時刻，身為主帥的曹操卻要退兵，不禁大為焦急。荀攸忙與另一位重要謀士郭嘉一同進諫，勸阻曹操說：「呂布雖然勇猛，卻沒有謀略。他與將軍先後三次交鋒，均遭敗績，銳氣早已衰竭。三軍士卒雖多，卻以將帥為主。主將銳氣衰，則軍隊無鬥志。呂布的主要謀士陳宮雖有智謀，但預事遲緩。現在乘呂布氣衰尚未恢復，陳宮計謀尚未策劃之時，我軍一鼓作氣，發起猛攻，則下邳可破，呂布可擒。如果此時退兵，那就會遺患無窮。」曹操聽他二人言之有理，便放棄了班師的打算，率軍繼續圍城猛攻。荀攸、郭嘉見城牆堅固，守軍頑強，一時難以攻破，決定另想他途，以智謀取勝。他們仔細察看了附近地形，頓生一計：挖掘泗水、沂水，淹灌下邳城。古代軍事家對在戰爭中用水攻都極為重視。《孫子》中就曾說：「無迎水流。」以防備敵人水攻；又說：「以水佐攻者強。」荀攸、郭嘉飽讀兵書，自然深諳此理。曹操得到此計，大喜過望，立即命人將流經下邳城北面、西面的泗水、沂水的堤岸掘開。沂、泗河水如脫韁野馬，洶湧著衝向下邳城。所經之處一片汪洋，下邳城頓時淹泡在數尺深的大水中。呂布見勢大驚，陳宮亦無計可施，部卒人心惶惶。又堅持守城月餘，呂布的大將侯成、宋憲、魏續等為求活命，不得已發動兵變，逮捕陳宮，打開城門，率眾投降了曹操。呂布隻身一人逃到白門樓上，最終被曹操活捉縊殺。呂布勢力被消滅，使曹操減少了一個不可忽視的勁敵。在這次軍事行動中，荀攸的智謀起了極其關鍵的作用。

五、攻滅袁紹

建安五年（西元二〇〇年），擁有黃河以北青、冀、幽、並四州的袁紹旌旆南揮，欲圖消滅以兗、豫二州為根據地的曹操勢力。二月，袁紹親自率軍開進黃河邊上的黎陽（今河南省浚縣東北），派大將顏良率軍渡過黃河，圍攻東郡太守劉延於白馬（今河南省滑縣東北）。劉延不敵，忙向曹操求救。四月，曹操北上官渡（今河南省中牟東北），集結軍隊援救劉延。當時在官渡的曹軍不過三、四萬人，要同袁軍硬拚無異於以卵擊石。荀攸分析了敵我形勢，向曹操獻計說：「現在敵眾我寡，正面交鋒恐怕很難得手。應該設法分散袁紹的兵力，然後各個擊破。曹公不可暴露救援白馬的意圖，可以率領部分兵馬直指延津（今河南省延津縣北，黃河古渡口之一），沿途大張旗鼓，做出要強渡黃河攻擊袁紹後方根據地的架式。袁紹擔心河北老家有虞，必然會分兵西援，阻止我軍渡河。此時，我軍卻調頭向東，用輕兵突襲白馬，出其不意，攻其不備，則顏良可擒，白馬之圍可解。」

荀攸這個分散敵兵、聲東擊西的策略，深得曹操贊同，於是照計而行。他親自帶領兵馬向延津進發，一路上大造聲勢。袁紹聞報，果然以為曹軍將渡黃河抄襲河北老巢，忙分兵至延津堵截。曹操見袁紹中計，立即撥馬東向，率精銳騎兵以迅雷不及掩耳之勢直撲白馬。離白馬只有十餘里時，勢孤而無備的顏良方才得知，慌忙倉促應戰。曹操派張遼、關羽出戰顏良，關羽一刀將其斬於陣前。主將一死，袁軍士卒大亂，潰不成軍。白馬之圍遂解，劉延所部得救。曹操見白馬難以固守，便率師他去。曹軍沿黃河南岸西行，運輸白馬輜重的車輛緩緩後行。袁紹發現中計，氣急敗壞，引軍渡過黃河，氣勢洶洶地追殺至延津以南。曹操兵馬少，諸將見勢十分惶恐，紛紛勸說曹操迅速回軍，還保營寨。唯有荀攸力排眾議，大聲說道：「如今正是擒賊破敵之時，為什麼要離去！」然後進獻了破敵方略。曹操聽了之後大喜，與荀攸相視而笑。這時，袁紹的大將文醜趕到，曹操以輜重車輛為誘餌，引誘袁軍。袁軍果然中計，一哄而上爭搶曹軍丟棄的輜重物資，陣勢大亂。曹操率步卒、騎兵合擊，衝入亂作一團的敵陣，大敗袁軍，並於陣前斬大將文醜。

曹操在白馬、延津兩地小勝袁紹，斬顏良、文醜兩員大將，令袁軍上下頗為震恐。曹操主動引軍退保官渡，袁紹也領兵逼近官渡，勢在決一死戰。兩軍各自做著戰前的準備，要在這裡一決雌雄。雙方相持一個多月，未分高下。曹操的兵馬少，且軍糧將盡，但袁紹的補給糧草卻源源不斷地從黃河以北運來。戰事曠日持久下去，顯然對曹軍不利。曹操向荀攸詢問對策。荀攸認為，破壞袁軍的運糧通道，燒毀其軍糧，是奪取勝利的關鍵所在。他派人偵察了袁軍的動向，獲取可靠情報後，對曹操建議說：「袁軍的運糧車隊一、二天內就要到來，督運糧草的將領雖然勇猛，卻自傲輕敵。如果派兵突襲，必可破其軍。」曹操問：「誰可擔當此重任？」荀攸胸有成竹地推薦：「徐晃可當此任。」於是，曹操派徐晃和史渙二將，提點一支精兵，截擊督運糧草的袁軍。袁軍對此毫無心理準備，無法抵抗，大敗而去。徐晃將其丟棄的數千車糧草全部燒毀。

十月，袁紹的一位謀士許攸前來歸降曹操，說袁紹又派淳于瓊等率軍萬餘押運大批軍糧，將於近日到達烏巢（官渡東北約四十里外，今河南省原陽縣東北）。負責押運的將領驕橫，士卒怠惰，乘機前往偷襲，定可大獲成功。斬斷袁軍糧草運輸，便如同釜底抽薪，使其軍心大亂，不戰而潰。但是曹操身邊的人都懷疑許攸的話是否真實可信，擔心上當受騙，反遭算計。只有荀攸和賈詡二人認為許攸的話屬實，力勸曹操採納他的建議。曹操同意，遂留荀攸和曹洪守衛官渡大營。自己親率領五千精騎，連夜撲向烏巢。曹軍猶如天降，淳于瓊尚未明白過來怎麼回事，便被斬於陣前。大批糧草被曹軍悉數燒毀。袁紹得知曹操親自領兵攻打烏巢的消息，卻不派重兵增援，反而派張郃、高覽等人領兵進攻曹軍官渡大營。張郃勸袁紹應該派足夠兵力救援淳于瓊，說如果烏巢有失，曹營又攻不下，我軍處境就異常險惡了。袁紹剛愎自用，根本不聽張郃的忠告。張郃、高覽二將只好領兵攻打官渡曹營。荀攸、曹洪對此早有準備，張郃、高覽猛攻不克。二將怕無功而返會被袁紹怪罪，性命難保，遂向曹軍投降。曹洪疑其有詐，不敢接受。荀攸對曹洪說：「張郃實在是因為被袁紹猜忌，計謀不被採用，一怒之下前來投誠，將軍還懷疑什麼？」原來，荀攸早已把袁紹主要將領、謀臣的情況瞭解得清清楚楚，對袁氏集團的內部矛盾瞭如指掌，知己知彼，故而能準確判斷張、高二將投降是真。曹洪聽了荀攸的分析，這才放心受降。袁紹見大勢已去，遂棄營逃回河北，從此一蹶不振，實力大衰。袁紹羞恨交加，憂憤成疾，於建安七年（西元二〇二年）五月死去。官渡之戰是中國歷史上以少勝多的著名戰役。曹操之所以在這次戰役中大獲全勝，荀攸的奇謀妙計起了決定性的作用。

袁紹死後，其幼子袁尚承繼父位。而其長子袁譚，自號車騎將軍，屯兵黎陽（今河南省浚縣）。二人各立門戶，互爭高低，勢力大衰。建安七年（西元二〇二年）九月，荀攸跟隨曹操征討袁譚、袁尚。曹軍連連取勝，兩袁則節節敗退。

建安八年（西元二〇三年）三月，曹軍猛攻黎陽城，兩袁被迫出戰，被打得大敗，只好連夜棄城逃走。四月，曹操率軍追擊兩袁至鄴城（今河北省臨漳縣西南）下。因城堅難攻，遂於五月還軍，留大將賈信屯守黎陽。八月，曹操以「欲擒故縱」的緩兵之計，暫時放棄了對北線兩袁的進攻，而做出南征荊州牧劉表的姿態，引兵駐軍西平（今屬河南省）。袁氏兩兄弟在曹操大軍壓境的危機之時，尚能暫消舊怨，合力抗曹。一旦曹軍離鄴城南下，二人馬上為爭奪冀州而發生內訌，以至兵戎相見。袁譚勢窮力弱，在袁尚的不斷猛攻之下，危在旦夕，只得派遣辛毗向曹操乞降，請求曹操出兵相助。曹操拿不定主意，召集部屬商議此事。眾人都認為劉表勢力強大，應該及早平定；袁譚、袁尚是敗軍之將，不值得憂慮。獨有荀攸持異議。他說：「天下戰事連年不斷，正是英雄豪傑大顯才能之時。劉表卻長期坐保長江、漢水之間，無所作為，可見他並沒有經略四方、爭霸天下的宏圖大志。袁氏據有四州之地，擁有兵馬十餘萬，袁紹苦心經營多年，平素以寬厚得人心。假若他的兩個兒子能夠和睦相處，共守父親舊業，那麼就能雄視一方，天下的戰亂就難以平息了。如今兄弟兩人卻交惡內爭，如果等一方吞併另一方，袁氏力量合而為一，專力對外，就更難以平定了。現在乘其內亂而迅速平定二袁，則天下可定。機不可失，時不再來，望將軍三思。」利用敵人的內亂以取勝，是歷代軍事謀略家十分重視的謀略思想。孫子就曾說過：「亂而取之。」荀攸根據對各派軍事勢力集團的歷史和現狀的分析，認為平定兩袁應先於平定劉表，同時又提出了把握時機，利用其內亂的戰術思想，精闢深刻，入木三分，表現出一個謀略家的遠見卓識。曹操聽了他的分析，連連稱「善」，並說劉表是「自守之賊也，宜為後圖。譚、尚狡猾，當乘其亂，」於是曹操馬上答應了袁譚的請求，立即從西平出兵北征，向袁尚發動攻擊。曹操為了籠絡袁譚，還與他結為兒女親家。袁尚得知曹軍北來，慌忙放棄對袁譚的包圍，撤軍返還鄴城。建安九年（西元二〇四年）八月，曹軍攻破鄴城。袁尚遠逃，後於建安十二年（西元二〇七年）在遼東被殺。袁譚脫離危險後，乘機攻略地盤，背叛曹操。曹操責其負約，與之絕婚，並率軍攻打。建安十年（西元二〇五年）正月，袁譚在南皮（今天津市南皮縣）被俘斬首，冀州平定。

六、功高不矜

荀攸長期跟隨曹操征戰疆場，深得曹操信任和倚重。曹操自柳城還軍時，路過荀攸的故里。他念及荀攸鞍前馬後籌劃軍機，屢建奇功，感慨地說：「現在天下形勢大致已定，我願與眾位愛將謀臣一同分享太平之福。昔日漢高祖讓張良自擇封邑三萬戶，現在我也希望你自己選擇封賞啊！」不久，曹操上表朝廷，請求封荀攸為列侯，表文說：「軍師荀攸，從開始佐助微臣至今，沒有哪一次征戰不跟隨左右。前後數次戰鬥，所以能克敵制勝，都是因為採用了荀攸的計策。」表文對荀攸的謀策之功給予了很高評價，於是朝廷封荀攸為陵樹亭侯。建安十二年（西元二〇七年），朝廷下令對有功之臣論功行賞。曹操說：「忠正密謀，撫寧內外，荀文若（彧）為首，荀公達（攸）為其次。」認為荀攸的功績在謀臣中僅次於荀彧，可見曹操對他如何器重！朝廷遂下令增加荀攸的封邑四百戶，加上原來的共有七百戶，進官為中軍師。曹魏建國後不久，又被任命為尚書令。

歷史上有許多謀士只會謀國，不會謀身，例如大名鼎鼎的謀臣伍子胥、李斯、范曾等皆屬此類。荀攸則不然，他不僅胸存絕世謀國之策，而且又有審時度勢的保身之謀。這使他在那種極其殘酷的政治傾軋中穩如泰山，立於不敗，最後得以善終。荀攸長期伴隨在曹操左右，對其為人和性格極為瞭解，深知曹操雖以愛才著稱，但他對稍有離心傾向的人卻從不手軟。曹操的頭號謀臣荀彧，就是因為不支持曹操當魏公而被逼自殺的。荀攸平時顯得大智若愚。他雖勞苦功高，但絕不鋒芒畢露，居功自傲。他的表弟辛韜曾向他詢問曹操攻取冀州的情況。儘管荀攸在這場戰爭中功績卓著，但他卻輕描淡寫地說：「我只是輔佐一下，替袁譚乞降，王師前往平定，我除此之外，什麼都不知曉。」從此辛韜和內外人等再也不敢向他詢問軍國大事。據說荀攸前後曾為曹操出過十二條奇策，但是他本人卻守口如瓶，諱莫如深。他所謀劃的奇策只有鐘繇一個人知道。鐘繇著書未完而死，因而荀攸的奇計後人難以盡知。荀攸與鐘繇二人為知心好友，來往密切。鐘繇曾稱讚荀攸說：「我每有所行動，思慮再三，自以為不可改易，與公達商議，他常有出人意外的考慮。這就是他的過人之處。」

荀攸的為人處世深得曹操讚賞。他稱讚說：「公達外愚內智，外怯內勇，外弱內強。不伐善，無施勞。其智可及，其愚不可及。就是顏淵、寧武這樣的古代聖賢，也不能超過他。」曹丕被立為世子以後，曹操對他說：「荀公達是人之師表，你應該尊敬他，待之以禮。」荀攸患病，曹丕曾親自前往探視，拜於床下。

建安十九年（西元二一四年），曹操南征孫權。荀攸仍隨軍謀劃方略，不料因病死於途中，時年五十八歲。曹操對他的辭世極為哀痛和惋惜，每提到荀攸，就要傷心落淚。他說：「與荀公達相處二十餘年，竟無絲毫可非議之處，真是一位完美的賢人。」後來，荀攸被追謚為「敬侯」。

本文主要資料來源：《三國志》卷一〇，〈荀攸傳〉；卷一，〈魏武帝本紀〉。

論天下事鞭辟入裡　定戰前謀料事如神

郭嘉傳

徐明兆

東漢建安十三年（西元二〇八年），周瑜在赤壁一把火把曹操的八十三萬大軍燒得丟盔卸甲，潰不成軍。曹操本人只帶了數百人倉皇敗走華容道。在此生命攸關的時候，曹操卻全無懼怯，反而在笑諸葛亮、周瑜少智寡謀。一笑笑出了趙子龍，被截殺一陣，卻還能再笑；二笑笑出了張翼德，又損兵折將；他還敢三笑，雖然又笑出個關雲長，但也足見曹操臨陣不驚的大將風度。然而，當鎮守南郡的曹仁接應曹操入了南郡，飢寒勞頓的人馬得以安歇之後，曹操卻突然失聲痛哭起來。是哭八十三萬大軍的覆滅？是哭統一大業的受挫？還是哭自己的恐怖經歷？眾人不得其解。有人便問道：「丞相在危難之時毫無懼色，反而神態自若，大笑如常。現在脫離了困境，應高興才是，卻為何反哭了起來？」誰知曹操的回答卻出人意料：「我哭的是郭奉孝啊！要是奉孝在我身邊，我絕不會受此大挫。」說到傷心處，更是捶胸頓足，號啕失聲，大叫：「哀哉，奉孝！痛哉，奉孝！惜哉，奉孝！」一席話說得身邊的眾謀士一個個滿面羞慚，一句話也說不出來。這位使曹操為之涕淚交流的人物，就是著名謀士郭嘉。

在曹操的身邊，謀士不謂不多。郭嘉在這些人中，論年齡，可以說是小字輩；論資歷也遠不及二荀及老程之輩；論為曹氏效力的時間也只有短短的十一年。然而，在整部《三國志》中，曹操真心為之動情大哭的除乃父之外，大概只有郭嘉和典韋二人了。曹操哭典韋是因為失去了一位赤膽忠心、勇猛無敵的衛士，哭郭嘉則是因為失去了一位足智多謀、運籌帷幄的軍師。

一、勤學多才，善擇英主

郭嘉（西元一七〇年～西元二〇七年），字奉孝，潁川陽翟人（今河南禹縣）。關於他的家族出身以及師從何人，史書上不見記載。在《三國志》中，裴松之引用傅玄的話，對少年時代的郭嘉做了一個簡略的介紹。

小時候的郭嘉十分聰明，而且勤奮好學，小小年紀就滿腹經綸，很有見識，很想在亂世中做一番轟轟烈烈的事業。青年時期的郭嘉，清俊高雅，他所結交的朋友，都是些有思想有才華的飽學之士，而對那些平庸的凡夫俗子卻不屑一顧。因此，當時知道他的人很少，而瞭解他的人更是寥寥無幾。只有那些伯樂式的賢達，才能看出這個年輕人是個曠世奇才。

靈帝末年，張角領導的黃巾大起義已被各懷鬼胎的軍閥們鎮壓了下去。各個軍閥在鎮壓黃巾軍的過程中擴充了自己的勢力。郭嘉知道東漢王朝大勢已去，這些稱雄一方的軍閥必將會相互廝殺，最終成為東漢王朝的掘墓者。他想選擇一個有可能取得最後成功的主子。

當時，稱雄一方的軍閥主要有占據河北的袁紹、占據淮南的袁術、占據江東的孫堅、占據西涼的馬騰、占據荊州的劉表、占據山西的張揚、占據徐州的陶謙以及羽翼還未豐滿的曹操等。經過對上述各派勢力的認真分析，郭嘉覺得，袁紹這個人值得自己為之效命。於是便動身前往冀州，投奔了袁紹。

漢獻帝初平二年（西元一九一年），年僅二十一歲的郭嘉到了冀州，袁紹很快就召見了他。郭嘉十分興奮地談起了自己的理想和抱負。袁紹見他不過是個毛頭小夥子，心中很不以為然。然而為了保持禮賢下士的好名聲，只好強打精神，做出一副很有興致的樣子，聽著郭嘉那滔滔不絕的高論。這次見面之後，袁紹給了郭嘉一個文官閒職，在軍中養了起來。郭嘉見袁紹初次見面便如此厚待，心中也很感激，希望有朝一日再見袁紹，進一步表達自己關於消滅各路諸侯的計畫。不想，袁紹雖然經常召集文臣們謀劃大事，諸謀士也都各抒己見，郭嘉也多次進言，可袁紹每次都是聽後作罷，並不見有進一步的行動。時間一久，郭嘉的一腔熱血便冷了下來。他漸漸地看透了袁紹的為人，因而對他的前程失去了信心。郭嘉懷著失望的心情，每日裡只是借酒消愁，鬱鬱寡歡。

一天，他和辛平、郭圖在一起飲酒解悶。酒至半酣，郭嘉向他二位吐露出了肺腑之言：「二位仁兄，小弟以為有見識的人，善擇明主而從之。只有跟隨了明主，他的聰明才智才能得以充分的發揮，他的謀略才能被採納並付諸實施，他的功名也才能因此而得以實現。袁紹這個人，倒是想要學著周公的樣子，禮賢下士，以招來天下英雄，但不具備周公那樣的才能。雖然也招來了一些能臣，但卻並不知道如何去發揮他們的作用。像你我之輩，只不過成了袁公門下的清談客，根本無法施展自己的才能。況且袁紹在處理軍政大事方面，分不出輕重緩急，雖然經常召集我們議論時務，但總是優柔寡斷，議而不行。我們出了那麼多主意，卻沒有一樣被他採納。依我看，要想輔佐這樣的人掃平群雄，恐怕是不可能的。」郭、辛二人聽後，也都默默無語。

過了不久，郭嘉找了個機會，悄悄地離開了冀州。

此時，中原諸雄又發生了不少變化。尤其是曹操，已經通過一系列的政治軍事行動，向世人展示出了他的雄才大略。

曹操，字孟德，小名阿瞞，沛國譙縣人。他廣攬天下豪傑，發矯詔，會集各路諸侯討伐董卓。曹操也為十八路諸侯之一。後來董卓西逃，聯盟破裂，曹操來到兗州，以此為根據地發展自己的勢力。這期間，他曾經大破盤踞青州的黃巾軍殘部，收得士卒數萬，號稱「青州兵」，頗有戰鬥力。建安元年（西元一九六年），他率兵擊敗了董卓餘黨，將漢獻帝迎入洛陽城。因洛陽久經戰亂，殘破不堪，曹操又與董昭等人一起將漢獻帝迎往許昌。從此，漢室大政歸他一人掌握，形成了挾天子以令諸侯的局面。

在這期間，許多有識之士都投奔了曹操，成為曹操智囊團中的骨幹。像荀彧、荀攸、程昱等人，都為曹操立下過大功。

荀彧早就知道郭嘉的大名，後來聽說投奔了袁紹，因此無法向曹操推薦。現在得知郭嘉已離開了冀州，於是便把他舉薦給了曹操。就這樣，郭嘉來到了許昌。

二、逐鹿中原，屢立奇功

曹操聞聽荀彧推薦的郭嘉已到許昌，心中十分高興。曹操一見郭嘉，便被他那瀟灑幽雅的風度吸引住，心中暗暗稱奇。但曹操是個精明之人，絕不會以貌取人。他表面上同郭嘉寒暄著，心中卻在暗想：「此人儀表堂堂，但不知是否有真才實學，該不會像有些人那樣金玉其外敗絮其中吧？我倒要試探他一下。」想到這裡，曹操拱了拱手，開口道：「久聞先生大名，如雷貫耳，今日得見，真是幸會，幸會！」郭嘉也欠身說道：「曹公威名遠播，海內仰望，今日一見果然名不虛傳。」接著曹操話鋒一轉，便切入了正題：「現在天下大亂，群雄並起，漢世江山已岌岌可危。我很想掃平天下一統中原，無奈勢單力薄，正不知如何是好，先生此來可有良策教我？」郭嘉說：「願為曹公效力，但不知曹公認為諸侯當中為患最大者是誰？」曹操說：「諸侯之中最使我頭痛的要數袁紹了。他現在占據著冀州，青州與并州也都是他的勢力範圍。他手下雄兵數十萬，謀士眾多，猛將如雲，而且糧草充足，對我的威脅最大。此人依仗他的軍事實力，對朝廷不恭不敬，我早有出兵討伐之意，只可惜兵微將寡，糧草不濟，心有餘而力不足。依先生看來，這件事應怎麼辦呢？」郭嘉聽後微微一笑，不慌不忙地問曹操說：「想當年漢王劉邦和楚霸王項羽相比，誰強誰弱呢？」曹操說：「當然項羽比劉邦強得多。」「可是項羽最終卻敗在了劉邦的手下，這又是為什麼呢？這說明表面上的強大是不可怕的，克敵制勝的關鍵，除了軍事實力之外，更重要的還是要運用智謀。劉邦之所以能夠以弱勝強，就是因為他採用了蕭何、陳平、張良等人的策略。」曹操聽了頻頻點頭。郭嘉又接著說：「據我個人分析，袁紹和曹公您相比，明顯有十大弱點，而在這十個方面，您是占有優勢的。只要您正確地認識並運用這些優勢，袁紹縱然再強幾倍，也不是您的對手。」曹操一聽此話，頓時來了精神，急不可耐地說：「請先生詳細地為我分析一下。」郭嘉數著手指從容地說道：「第一，袁紹注重繁文縟節，遇事囉哩囉嗦，講究排場。您遇事不拘禮節，處理問題乾淨利落，在處事方法上勝過袁紹。第二，袁紹身處冀州，與您對抗，實際上就是與漢王朝對抗，屬於大逆不道，難得民心。而您身為漢相，平定群雄屬於剿滅賊寇，挾天子以令天下，名正言順。從名分上講，您勝過了袁紹。第三，漢朝末年政治上疏於過寬，因此內亂。袁紹仍然想用一種寬厚的方法來治理天下，只能是越治越亂。而您法律嚴明，政令統一，官吏和百姓無不敬畏。在統治方法上，袁紹也遠不及您。第四，袁紹表面上寬厚仁慈，骨子裡卻並不容人，他對所用的人心存疑慮，不敢放手使用，有識之士很難施展才能。在重要職務的任免上，他一貫認人唯親。而您廣招天下英才，以誠相待，疑人不用，用人不疑，每個人的聰明才智都能得到施展的機會，在人才的任用上，不分親疏，任人唯賢，唯才是舉。論起知人善任，您比袁紹強得多。第五，袁紹這個人很善於謀劃，謀士們也都各盡所能，提出各種各樣的建議。但是，面對各種議論，袁紹卻不能從中選出上策加以實施，優柔寡斷。即使是定下來的方略，實行起來又往往不能隨機應變。而您既善於聽取眾人的意見，也能當機立斷做出正確的決策，遇事不驚，沉著應變，常能化險為夷。在謀略方面您也高出袁紹一籌。第六，袁紹出身於名門，他的聲望有一半是家族帶給他的。他所結交的人，也多數屬於這一類，彼此之間，虛偽狡詐毫無誠意可言。因此，依附他的人都是嘴上說的好聽，只會作表面文章。而您誠心待人，與人交往能推心置腹，也不去追求排場禮節。對於那些有功之人，不論其出身高貴還是低賤，一律予以重賞。因此，那些忠勇正直、具有遠見卓識的人才都願意投奔您。這是您在個人品德方面的明顯優勢。第七，袁紹見到飢寒交迫的貧苦之人，總是表面上做出體貼關懷的樣子，噓寒問暖，而對於那些他見不著的就想不到了。他所給人的只是小恩小惠、小仁小義，他認為這樣能得到民心。其實，這只不過是婦人之見。而您所關心的並不是眼前的小事，也不只是施恩於一民一卒，您所考慮的都是天下大事。別人想不到的，您都能想得到。您所要拯救的是萬民百姓，您所做的都是大仁大義之舉，是袁紹所不及的。第八，袁紹手下的大臣，心中各懷鬼胎，暗中拉幫結夥，互相拆台，互相陷害。而您對部下管理有方，屬下各司其職，忠心為主，奸佞小人沒有施展詭計的市場。您的明智與袁紹的昏庸形成了鮮明的對比。第九，袁紹做事，從無是非標準，他已認定的，便一意孤行，不管後果如何。而您做事有理有據，對國家和事業有利者，就盡力而為，不利者堅決禁止。第十，袁紹喜歡虛張聲勢，表面看十分嚇人，實際卻不堪一擊。對於用兵之道，他只會紙上談兵。而您熟讀兵書，深通孫吳之道，常能以少勝多，以弱勝強。部下軍紀嚴整，唯命是從，敵人聽了您的大名，不戰自畏。從以上十個方面來看，您的文韜武略，袁紹根本不能同日而語。」聽著郭嘉這一番高談闊論，曹操早已喜上眉梢，不禁哈哈大笑說：「先生過獎，曹操愧不敢當。現在袁紹正在與北方的公孫瓚相持不下，我趁此機會發兵擊之，能否大獲全勝？」郭嘉回答說：「不可。袁紹雖然北擊公孫瓚，但對我必有防備，如果我們攻得太急，他將與公孫瓚握手罷戰，全力對付我軍。徐州的呂布早有攻我之心，見我全力北上，必定乘虛來取許昌。到那時，我們腹背受敵，處境可就危險了！依我愚見，不如趁袁紹北上，無意南顧，我軍東進攻擊呂布，掃除後患，這才是上策。」曹操聽完，對郭嘉的精闢分析佩服得五體投地。他怎麼也沒想到，這個年僅二十七歲的青年，不但滿腹經綸，而且胸藏甲兵，禁不住高興地逢人便說：「幫我成就大事的，必是此人。」隨即授郭嘉以司空軍祭酒之職，隨侍左右，參與軍務。從此，郭嘉便成了曹操的主要軍事顧問。

建安三年（西元一九八年），曹操採納了郭嘉的建議，開始了消滅袁紹的準備工作。他的矛頭第一個指向盤據下邳城的呂布。

曹軍雖然數次獲勝，無奈下邳城十分堅固，城中糧草很多，加上呂布驍勇善戰，圍攻了好幾個月，卻總是不能拿下城池。此時，曹操也有些猶豫，想要罷戰回兵許昌。有的謀士也認為，曹呂兩軍相持已久，呂布以逸待勞，曹軍補給線過長，再這樣圍攻下去，後勤保障恐怕難以維持，不如暫且回兵。

正在曹操舉棋不定的時候，衛兵來報說，郭嘉有事求見。曹操知道，郭嘉求見一定是為了應否撤兵的問題，急忙請入。郭嘉進帳後開門見山地說道：「聽說丞相有收兵之意？」曹操回答說：「是的。」便把自己的想法一五一十地告訴了郭嘉。郭嘉嚴肅地說：「現在收兵絕非上策，呂布在我軍強大的攻勢面前，屢戰屢敗，他的部下早已軍心渙散。況且下邳是個孤城，呂布孤立無援，已成甕中之鱉。我軍如果這時撤走，幾個月來的努力就全付諸東流了。等到呂布養成了氣候，或一旦與袁術結盟，我們再想破他可就難了。所以我認為，丞相現在應該繼續催兵攻打，盡快結束戰鬥，絕不能半途而廢。」曹操憂心忡忡地說：「我何嘗不想如此，但是下邳城池堅固，呂布英勇無敵，他城中又不缺糧草，像現在這樣堅守不戰，我又如之奈何？」郭嘉說：「呂布這個人剛愎自用，對部下凶暴殘忍，城中願意真心為他賣命的人已經很少了。如果我軍繼續猛攻，城中必然發生內亂。」曹操說：「我天天派兵攻城，可總也不奏效，願先生教我良策。」郭嘉胸有成竹地說：「攻城之策我已經想好，最近幾天我繞城仔細地進行了勘查，見沂河、泗河均從城外流過，若在兩河下游處攔河築壩，使水位升高灌入下邳，可抵二十萬大軍。我軍再乘勢攻城，下邳城可一鼓而破。」曹操聽了此言，覺得很有道理，便按照郭嘉的計策，倒沂、泗兩河之水灌下邳。城中軍民人心惶惶，呂布也有些心驚膽寒。此時曹兵又趁機攻城，呂布不得不親自披掛上城組織防守。他的部將侯成，曾因遭呂布無故毆打，心懷不滿，便與同夥宋憲、魏續商議擒呂投曹之事。由侯成先偷了呂布的赤兔馬，魏續、宋憲乘呂布在城上休息之機，擒獲了呂布，打開城門迎接曹操大軍進城。就這樣，曹操在郭嘉的策劃下，消滅了一大後患。

不久，劉備也依附了曹操。曹操的許多謀士都認為，劉備是個有雄才大略的人。郭嘉向曹操進言說：「劉備這個人胸懷大志，很有韜略，尤其會籠絡民心。當今之世，幾乎人人都誇讚他。丞相應該及早下手，剷除後患。」曹操說：「我現在基業初創，正是用人之時。如果我把他殺了，豈不讓天下人取笑？」郭嘉又勸道：「丞相雖然考慮得有道理，但劉備這個人太危險了，現在不除掉他，今後必然會成為您的大患。到那時，後悔也來不及了。」雖然郭嘉苦苦相勸，但曹操固執己見。郭嘉見此情形，只得對曹操說：「如果丞相不想殺劉備，那也必須牢牢地把他控制在京城，不能讓他擅自離開，更不能讓他帶兵出城。」曹操點頭應允。

時過不久，袁紹在北方大破公孫瓚。他的族弟袁術此時眾叛親離，想北上與袁紹會合。曹操深知二袁合力後就更難以對付了，因此，想派人在徐州截殺袁術。劉備覺得這是一個脫身的好機會，便向曹操請命，願帶兵擔當此任。曹操居然不加思索滿口答應，並撥給劉備五萬兵馬。劉備不敢怠慢，第二天便帶兵急忙奔徐州而去。

此時，郭嘉外出考察軍需糧草的準備情況剛回許昌，一聽說這個消息，顧不上回自己的家，便跑到丞相府面見曹操，一進門劈頭便問：「聽說丞相讓劉備帶兵去截殺袁術，此事當真？」曹操不以為然地說：「是真。」郭嘉問：「劉備現在出城了嗎？」曹操說：「已經走了。」郭嘉頓足說道：「丞相您忘了我以前對您說過的話了嗎？現在他帶兵離開了，不啻放虎歸山，再想控制他可就難了。」曹操聞聽此言，恍然大悟，連忙派許褚帶兵追趕，但為時已晚，劉備後來果然成了曹操的勁敵。

東漢建安四年（西元一九九年），占據徐州一帶的劉備想和袁紹聯合，共同進攻曹操。此時，袁紹的大軍已屯兵黎陽，對許昌構成了極大的威脅。劉備也虎視眈眈，伺機而動。曹操深知對袁劉二人必須各個擊破，不然將會陷入腹背受敵的境地。在曹操看來，劉備勢力較小，容易被擊破，因此想先掃除劉備。對於此事，謀士們議論紛紛，都害怕袁紹會趁曹軍東征劉備之機奔襲許昌，使曹軍首尾不能相顧。聽到這些議論，曹操左右為難了。這時，郭嘉從外邊走了進來。曹操一見，如同得了救星，便把剛才的談話對郭嘉敘述了一遍，然後對郭嘉說：「你來得太好了，我正想聽聽你的高見。」郭嘉冷靜地分析道：「袁軍屯兵黎陽，的確對我們威脅很大。然而袁紹這個人一向優柔寡斷，小心多疑，聽說我軍東取劉備，必定與手下謀士們商量。他手下的謀士雖多，但都各執己見，意見很難統一，此事必定是議而不決。劉備的基業剛剛創立，軍心未服，戰鬥力不強，雖有關、張之勇，但缺乏運籌帷幄的謀臣。丞相東征必然一戰而勝，只要我們速戰速決，不等袁紹拿定主意，我們早已經班師回兵了。」曹操一聽，大喜過望，說道：「奉孝分析的完全正確，和我想的不約而同。」於是，點起大軍二十萬，直下徐州。果然，劉備大敗，關羽被擒，張飛不知去向，劉備隻身投奔袁紹去了。

三、智破袁紹，遺計定遼東

到了東漢建安四年（西元一九九年），中原一帶的割據勢力，像呂布、袁術、劉備等人相繼被掃平，曹操的後方基本上得到了鞏固。曹操要集中兵力解決北方的問題了。

在曹操東取劉備的時候，袁紹的大軍已經屯集在黎陽一帶。曹軍則在官渡一帶築成防線，兩軍對峙。次年，袁紹欲與曹操決戰，遂派大將顏良率軍進攻白馬。曹操親統精兵十五萬前往拒敵，在白馬一戰，曹操得關羽之力，斬了袁紹大將顏良、文醜，解了白馬之圍。

袁紹折了兩員大將，十分惱怒，徵集冀、青、幽、並四州軍士，共計七十萬向官渡壓來。曹兵雖少，但因用了許攸之計，斷了袁軍的烏巢糧道，因而以少勝多，大破袁軍於官渡，從此，袁紹一蹶不振。此後，曹軍又在倉亭與袁軍決戰，結果還是以袁紹的慘敗而告終。經過連連的打擊之後，袁紹憂病交加，終於在建安七年（西元二〇二年）吐血而死。

袁紹死後，其幼子袁尚繼承父親的官爵，成為冀州之主。他的大哥袁譚對此很不服氣。

剛剛獲勝的曹軍士氣正旺，謀士們紛紛建議乘勝追擊，一舉拿下冀州。武將們更是摩拳擦掌，躍躍欲試。曹操請郭嘉前來商議。對於是否應該乘勝追擊袁氏二子，郭嘉早已考慮成熟，見曹操問他，便把自己的想法和盤端了出來。他說：「袁紹雖然已經死了，但袁家的勢力仍然不可小視。袁紹生前比較喜歡小兒袁尚，因此而廢長立幼，埋下了兒子之間爭鬥的禍根。如果我軍急於進攻，則袁譚、袁尚必將協力與我軍抗衡。如果這樣的話，我們一時難以取勝，而且損失也將會十分慘重。不如現在調頭向南，做出一副要進攻劉表的樣子。袁氏二子見我大軍已去，必然會發生內訌。那時我們再回師北上，各個擊破，一定會一舉而平定冀州。」曹操聽了郭嘉的話，不住的點頭稱是。於是，曹軍收拾行裝，拔營向南去了。

曹軍一走，二袁果然發生了內訌。袁譚率兵進攻冀州，想奪回本應屬於自己的爵位。無奈力不從心，被袁尚擊敗，倉皇逃至平原。誰知袁尚不肯罷休，大兵相加，必欲置其兄於死地。袁譚無奈，便派辛毗前往曹操處求救。此時曹軍正屯兵西平，得袁譚求救書信，曹操高興地說：「奉孝說的果然不差。」於是回兵攻擊袁尚，在鄴城一戰，大敗袁尚，隨即又在南皮一戰誅殺了袁譚。袁尚與他的二哥袁熙，只帶領少數人馬投奔烏桓去了。

由於郭嘉在征袁的戰鬥中屢出奇謀，使曹軍得以節節勝利，因此，曹操特封郭嘉為渭陽亭侯。

平定了河北之後，郭嘉又向曹操建議說：「河北是個重要地方，地廣人多，物產豐富，而且人才也不少。現在我們占了此地，需要委派官吏在此治理。丞相應從當地選拔能人，擔任各級地方官。這樣一來，我們便可以收買人心。如果我們從外地委任官吏來治理，必然會造成與當地人的矛盾。袁氏父子在此苦心經營了多年，殘餘勢力還很多，一旦發生矛盾，很可能會引起激變，到那時恐怕就難以收拾了。」曹操採納郭嘉的建議，在冀州一帶出榜安民，委任當地賢士為吏，果然冀州一帶的老百姓都安居樂業，社會穩定。

建安十二年（西元二〇七年），曹操欲澈底消滅袁氏勢力。部將曹洪說道：「袁熙、袁尚經此大敗，已經勢單力薄，成不了什麼大氣候，所以才逃往烏桓。我們沒有必要再去冒險追剿他們。況且劉備最近依附了劉表，使劉表的實力大大增強。劉備見我軍遠出，必定會勸諫劉表，盡起荊襄之兵，藉機奔襲許昌。到那時，許昌兵力空虛，恐怕難以抵擋。所以依我看，還是不征烏桓的好。」眾人也大都同意曹洪的看法。曹操不動聲色地聽著大家的談論，見郭嘉沒有說話，便用徵詢的目光看了郭嘉一眼。郭嘉明白，曹操是想聽聽自己的看法，於是便開口說道：「丞相大破袁紹，收復冀州，威名遠颺。但遠在大漠的胡人，依仗著路遠山高水險，不會有什麼準備。我們正好可以乘著他毫無準備的時候出奇兵奔襲，定會大獲全勝。袁熙、袁尚在河北一帶還有影響，如果他們在烏桓與蹋頓單于勾結起來，起兵南下攻取冀州，冀州一帶袁氏殘餘勢力與他們裡應外合，後果不堪設想。因此，我軍應該乘勝追擊，澈底消滅袁熙、袁尚。至於荊州的劉表，丞相大可不必擔心。此人不過是個崇尚空談的書生而已，沒有什麼軍事頭腦。劉備依仗著自己的才能，並不把劉表放在眼裡。而劉表也深知劉備之才遠遠勝過自己，因此也時時提防。所以他們兩人的聯合，成不了什麼大氣候。雖然我軍主力遠征漠北，後方空虛，丞相也不必擔憂。」曹操聽了郭嘉的一番話，臉上也露出了微笑，遠征烏桓的事情就這樣決定下來了。

曹操親統大軍揮師北上，但由於輜重過多，部隊行動不便，因而行軍速度十分緩慢。這一天，大軍到了易州。因水土不服而重病在身的郭嘉，抱病來見曹操。曹操憐惜地說：「奉孝重病在身，應該好好休養，有什麼事派人來說即可。」郭嘉說：「此事關係重大，我必須親自向丞相說明。兵書上說得好，『兵貴神速』，我軍輜重太多，行動遲緩，這樣下去何時才能到達漠北？況且時間一久，敵人便會得到我軍偷襲的情報，預先做好防禦的準備。這樣我們就很難在短期內消滅他們。我建議輜重全部留在易州，丞相您親率精兵猛將輕裝前進，日夜兼程，出其不意，攻其不備，以迅雷不及掩耳之勢，一舉消滅袁氏二子及蹋頓的軍隊。」曹操說：「我也正為部隊行動遲緩而憂慮，你的意見正合我心意。」於是，曹操把輜重全部留在了易州，率精兵遠程奔襲。郭嘉因有病在身不能隨行，也留在了易州。

曹操在袁紹降將田疇的引領下，很快來到了蹋頓單于的老窩柳城，一舉將其擊潰，蹋頓本人也死於張遼的刀下。袁熙、袁尚兄弟二人卻又漏網逃脫，直奔遼東投靠公孫康去了。

戰鬥結束以後，曹操率軍經過千辛萬苦又回到了易州，此時已經是建安十三年（西元二〇八年）。一到易州，曹操就聽到了一個噩耗，郭嘉因病醫治無效，已經去世多日了，他的靈柩還停放在軍營中。曹操聞聽此訊，顧不得休息，徑直奔向郭嘉靈柩停放的軍帳，扶棺大哭，悲痛欲絕。曹操問守靈的軍士：「奉孝臨終之前可有什麼遺言留下嗎？」軍士捧出一封書信遞給曹操說：「郭先生臨終前寫下這封信，反覆叮囑我們，等丞相回來，務必要將信呈上。」曹操仔細觀看，原來郭嘉已經知道袁熙、袁尚逃往遼東，此信就是為如何處理這件事而寫。信的大致內容是：「聽說二袁已投奔遼東太守公孫康，丞相千萬不可追擊。因為如果我軍逼得太急，二袁和公孫康連手共同抵抗我軍，縱然我軍能夠取勝，也必是傷亡慘重。如果我們不去追趕，公孫康因懼怕袁氏的勢力侵入遼東，必然會將二袁殺死。所以丞相不如在易州坐以待變，等二袁首級到了，即可回軍許昌。」曹操看了，一方面佩服郭嘉的見識，一方面感嘆郭嘉的忠誠。

曹軍的大將們見曹操在易州一待就是幾天，並沒有東征公孫康的意思，很是納悶。於是，夏侯惇等人都勸曹操乘勝進軍，直取遼東，澈底消滅袁氏的殘餘勢力。曹操卻微笑著說：「這些事不需煩勞你們這些虎將了，過幾天公孫康自然會把二袁的腦袋送來。」諸將聽了，嘴上不說，心裡卻都不相信。過了些日子，不見遼東有什麼動靜，夏侯惇便與張遼一起又來勸曹操說：「如果我們不去攻打遼東，那就趕快回許昌吧。再不回去，恐怕劉表會去攻打許昌的。」曹操說：「好，等二袁腦袋一到，我們立即回兵。」諸將聽了都暗自發笑。正在此時，門哨前來報告說：「公孫康派人把二袁的頭送來了。」眾人聽了都十分詫異。曹操卻捋著鬍子笑道：「果然不出郭嘉之所料。」文臣武將們聽了都大惑不解，只見曹操拿出一封信。大家看了方才恍然大悟，對郭嘉的神機妙算佩服得五體投地。

曹操引兵回到冀州，派人先護送郭嘉的靈柩到了許昌，以隆重的禮節下葬，並親自上表給漢獻帝，歷數郭嘉十一年來的功勛，追贈郭嘉食邑八百戶，並贈謚號「貞侯」，由他的兒子承襲爵位。

縱觀郭嘉的一生，雖然英年早逝，但他建立的功業卻十分顯赫。羅貫中在《三國演義》中稱讚郭嘉道：「腹內藏經史，胸中隱甲兵，運謀如范蠡，決策似陳平。」這種評價並非過譽。

本文主要資料來源：《三國志》卷一四，〈郭嘉傳〉；卷一，〈魏武帝紀〉；卷六，〈袁紹傳〉。

多謀善斷　攻守自如

司馬懿傳

林紅

司馬懿（西元一七九年～西元二五一年），字仲達，河南溫縣孝敬里人。漢靈帝光和二年（西元一七九年），出生於一個世家望族中，魏嘉平三年（西元二五一年）六月去世。他是一位政治家，又是一位著名的軍事家和謀略家，他曾用各種謀略手段，擊敗所有的政敵，打下了晉帝國百年社稷的基礎。

一、審時度勢，奠定基業

據孝敬里司馬氏族譜記載，他們的先祖是祝融，出自軒轅皇帝的長子重黎。以後歷唐、虞、夏、商數代，世世充任夏官。周代改夏官為司馬，到周宣王時，因家族功勛顯赫被恩准以司馬官名為姓氏。楚漢相爭時，司馬卬被封為殷王，建都於河內（今河南武陟西南），於是河內便成了司馬氏後來的祖籍。從司馬卬下傳八代，生征西將軍司馬鈞，司馬鈞之後又連出了幾個太守，最後又傳到京兆尹司馬防。司馬防有八個兒子，個個聰慧異常，因為名字中都有一個「達」字，人稱司馬氏「八達」。司馬懿排行第二，也是八兄弟中最有謀略的一個。

司馬懿的青少年時代，正是漢末天下大亂的時代。軍閥割據一方，不斷進行兼併戰爭，戰亂使得北方出現「白骨縱橫萬里」的慘象，司馬懿以整治天下為己任，埋頭讀書，特別是苦攻儒學，在地方上產生了一定聲望。南陽太守楊俊，頗有知人之明，他見到司馬懿時，司馬懿還尚未成人。楊俊在仔細觀察了他的行為、舉止、學識、涵養後，就斷然下結論說：「這個孩子將來有出息。」司馬懿的哥哥司馬朗與尚書崔琰是好朋友，有一天，崔琰在與司馬朗的閒談中大發感慨：「你的弟弟司馬懿極為聰明，遇事剛勇果斷，有膽有識，遠遠不是你我所能比得上的啊！」

漢建安六年（西元二〇一年），年僅二十三歲的司馬懿在河內做了郡太守手下的一名上計掾（會計官）。當時曹操在朝中為司空，聽說司馬懿很有才幹，就派人前去聘請，誰知司馬懿說自己有風痺病，躺在床上不起來，一口便回絕了。原來司馬懿很謹慎，投機性很強，他看到漢王室朝運已經衰落，現在天下群雄割據，鹿死誰手尚未可知，因而想再觀望一下。曹操性急，就祕密派人以假裝行刺進行試探，刺客乘夜色闖入司馬懿內房，向床上虛刺一刀，司馬懿識破曹操詭計，竟躺在床上分毫不動，刺客只好如實回報。曹操是個絕頂狡猾的人，司馬懿真病、假病豈能瞞得過他。這一來，曹操更認為司馬懿極不平常。

建安十三年（西元二〇八年），曹操廢除三公：即太尉、司徒、司空，恢復了丞相和御史大夫制，自任丞相。他擔任丞相後，四處物色賢士，網羅人才，想辟請司馬懿為文學掾，他對前去的使者說：「如果司馬懿再推三阻四，就把他抓起來。」可見，曹操對他的所謂風痺病仍有懷疑。善於審時度勢的司馬懿判定，如果再拒絕，恐怕難逃殺身之禍，只得就職。再者曹氏獨攬大權，早已成為定局，逐鹿中原已穩操勝券，於是便在這一年被曹操任命為文學掾。曹操見他為人精細謹慎，就安排他留在身邊處理雜務，歷任黃門侍郎、議郎、丞相東曹屬，又升任為丞相主簿。

曹操性格乖戾，是個很不容易侍候的主子，況且幕下謀臣如雲，自然不把初出茅廬的司馬懿放在眼裡。有一年，曹操討伐張魯，司馬懿向他獻計說：「劉備用詐術奪取了劉璋的益州，又在益州民心未歸附的情況下遠征江陵，這給了我們一個奪取益州的機會。如果我們取得張魯的漢中，益州必然震動，再以大軍壓境，勢必土崩瓦解，一舉征服兩州，良機萬萬不能錯過。」這本是個有遠見的良謀，但人微言輕，加之曹操又有自己的主意，所以最終並沒有採納他的建議。

又有一次，司馬懿跟從曹操討伐孫權，取得大勝。孫權上書稱臣，並說了些「天命歸魏」之類的話。曹操說：「這個小子想把我放在火爐上烤呀！」司馬懿卻很認真地說：「不能這樣想，主上十分天下得其九，仍然屈事漢室。現在孫權向您稱臣，表現了天、人之望，歷史上虞、夏、商、周欣然禪讓帝位，正是服從天命啊！」曹操聽後不以為然。

曹操是個玩弄權謀的老手，儘管司馬懿誠惶誠恐，但仍不能討其歡心。曹操對司馬懿屢懷戒心。據說，有一天晚上，曹操夢見三匹馬共食一槽，便產生了「馬」吃「曹」的聯想，心裡十分不快。第二天便對他的兒子曹丕說：「司馬懿不是良善之輩，一定會干預你們兄弟的家事。」曹操曾聽人說，司馬懿有「狼顧之相」，就是說通常人們往後看，不僅頭要轉過去，身子也要隨之側過去；但司馬懿不同，他往後看時，身子可以不動。其實這只是說明他內心平衡，舉止穩重，但這也引起了曹操的猜疑。

西元二一九年年，司馬懿提出的獨到建議卻讓曹操逐漸淡化了對他的敵視態度。建安二十四年（西元二一九年），關羽向襄樊（今湖北襄陽市）發動進攻，目的是直下宛（今河南南陽）、洛（今河南洛陽），占領曹操的統治區，統一中原，實現諸葛亮在「隆中對」中提出的戰略計畫。蜀軍進展順利，水淹七軍，生擒于禁，殺死龐德。曹操聽到這些消息，十分恐慌，打算遷都，當時正任太子中庶子的司馬懿提出不同的意見，他對曹操說：「于禁率領的軍隊，雖然被大水淹沒，戰敗了，但對戰爭的全局並沒有什麼影響，如果現在就考慮遷都，一定會引起朝野內外的不安。劉備與孫權是外表上的聯合，內心裡互相猜忌，關羽得勝孫權是不會高興的。我們可以派遣一位使者去聯絡孫權，讓他去抄關羽的後路，事成之後，可以把江南的土地封給孫權，樊城之圍自然就解除了。」曹操認為司馬懿的建議很對，立即打發使者東聯孫權。後來，孫權派呂蒙偷襲了荊州，關羽被殺，曹操坐收漁翁之利。

建安二十五年（西元二二〇年），曹操猝然死去，朝野震動，人心惶惶。司馬懿受太子委託，具體辦理喪事，他充分發揮了辦事的才能，將喪事處理得井井有條。

就在這一年，曹丕廢掉漢獻帝，登上皇帝的寶座，史稱魏文帝。司馬懿早在曹操當政時期便和曹丕關係很好，他的奇謀妙計，經常被曹丕採納，很受曹丕的器重。當時他和陳群、吳質、朱鑠一起被稱作曹丕的「四友」。曹丕即位後，司馬懿的官運才亨通起來。初始時任丞相長史，後升任撫軍將軍，當時司馬懿受寵若驚，在封任時，只是推辭。曹丕說：「我對於政務，日夜操勞，沒有片刻安寧，這不是給你的榮譽，而是讓你為我分憂。」司馬懿聽了這番話，哽咽不已，流淚拜受。

魏文帝在位期間，司馬懿恪盡職守，百事操勞，深得曹丕的讚許，地位也日趨重要。黃初六年（西元二二〇年），曹丕率師征吳，命司馬懿留守許昌。臨行時，他親握司馬懿的手說：「漢初曹參戰功卓著，然而劉邦卻以蕭何為重，我現在也將後方的事託付給你，讓我無後顧之憂。」司馬懿也確實做到了「內鎮百姓，外供軍資」，使魏文帝無後顧之憂。

魏文帝第二次東征前，又下詔書說：「我將東伐孫權，但惦記後方，把鎮守後方的重任委託給司馬懿。我率軍東征，撫軍（司馬懿任撫軍將軍）總領西邊防務；我率軍西征，撫軍總領東邊防務。」君臣相得如此，曹丕的信任，司馬懿的處事謹慎，這一切都為他打下了堅實的政治基礎。

黃初七年（西元二二六年）五月，曹丕病重，緊急召見曹真、陳群、司馬懿三人輔佐朝政，並對太子曹睿說：「今後對此三公，要信之任之，不要疑慮。」曹丕死時，司馬懿在朝中的地位已十分穩固。

二、統兵領將，屢立功勛

魏明帝曹睿坐享太平，荒淫無度，精明練達遠遠比不上他的先人。即位後，他任命司馬懿為驃騎將軍，總督荊豫兩州的軍事，駐軍宛城，全面負責對東線孫權的戰事。在明帝時期，司馬懿直接帶兵，轉戰多年，不斷壯大了自己的軍事實力。

原來從西蜀投降曹魏的孟達，於魏明帝太和元年（西元二二七年），在上庸（今湖北竹山縣）發動叛亂，棄魏投蜀。孟達認為宛城距離上庸一千二百里，地勢險要，司馬懿一時無法趕到上庸。可是當孟達剛起事八天，司馬懿就親率大軍趕到上庸，兵臨城下。司馬懿為什麼能來得這麼快呢？原因是孟達平素與魏興太守申儀不和，申儀風聞孟達與西蜀又有來往，立即報告了魏明帝，魏明帝命令司馬懿監視孟達的行動。為了充分做好消滅孟達的準備工作，並儘量推遲孟達的起事時間，司馬懿從兩方面下手，一是從軍事上做好征討的準備工作；二是設法麻痺迷惑孟達，使他猶豫不決，延緩起事的時間。為此，他給孟達寫了一封信，大意是：昔日將軍（指孟達）拋棄劉備而歸順朝廷，朝廷委你重任，讓你策劃攻取西蜀。劉備政權對你恨之入骨，諸葛亮日夜思謀擊敗你，但是毫無辦法。今郭橫（諸葛亮派其詐降曹魏）說你要叛魏歸蜀，這事關係重大，諸葛亮怎能輕易洩露，顯然這不是真事。孟達看後心中大喜，認為司馬懿沒有懷疑他要背魏歸蜀，因此，在發兵起事時，就舉棋不定，遲疑不決。這樣一來，司馬懿就爭得了時間，積極部署攻打上庸。

當孟達剛一發動起事，司馬懿立即出兵征討。他命令全軍偃旗息鼓，日夜兼程，沿途嚴密封鎖消息，只用了八天的時間就圍困了上庸。孟達感到突然，萬分驚訝，急忙向西蜀和東吳求救。諸葛亮與孫權分別派兵救援。司馬懿分出兩支人馬，阻擊東西兩線的援兵，蜀、吳兩軍無法接近新城郡（包括房陵、上庸、西域）。孟達利用上庸三面臨水的特點，在水中埋設木柵，攔阻魏軍接近城池。

司馬懿把全軍分為八隊，晝夜不停，輪番攻城，士兵泅水破柵，直抵城下。魏軍攻勢猛烈。孟達軍心動搖。孟達的外甥鄧賢和部將李輔開門投降，孟達本人被殺。司馬懿在這一戰役中成功地運用了政治上麻痺敵人，軍事上速戰速決的策略，堪稱軍事指揮史上的傑作。

諸葛亮為了實現他東聯孫吳，北伐曹魏，統一中原的夙願，日夜奔勞。但由於東吳偷襲荊州和章武二年（西元二二二年）的夷陵之戰，使雙方關係十分緊張。雖然在劉備死前雙方派遣了使者，但孫權仍靠近曹魏，對西蜀依然採取敵對的態度。蜀與吳的這種關係，對諸葛亮北伐曹魏不利。他為了打破僵局，主動派遣鄧芝出使東吳，鄧芝對孫權詳細分析了恢復同盟關係的好處，孫權權衡利弊，同意與西蜀恢復聯盟，斷絕與曹魏的臣屬關係，這樣，吳、蜀又結成同盟，共同對抗曹魏政權。諸葛亮與東吳和好以後，集中全力經營南中地區（今四川南部，雲南東北部和貴州西北部一帶），他採用「南撫夷越」的方針，通過七擒七縱孟獲而制服了南中地區，使西蜀有了穩定的後方。

諸葛亮利用魏文帝曹丕剛死的機會，於後主建興六年（西元二二八年）的春天開始了北伐曹魏的戰爭，歷史上也稱「五出祁山」。到建興七年（西元二二九年）春，諸葛亮共進行了三次北伐戰爭，蜀軍取得了一些勝利，曹軍不斷損兵折將，處於被動挨打的局面。

建興九年（西元二三一年）春，諸葛亮又開始了第四次北伐曹魏的戰爭。他率領十萬大軍，包圍了祁山（今甘肅西和西北），魏軍的形勢十分危急。魏明帝急調足智多謀的司馬懿擔任魏軍的統帥，迎擊蜀軍。司馬懿採取了「斂軍依險，只守不攻」的戰略方針，這是十分陰險的一著。蜀漢十萬大軍，一切供給和糧米都得從劍南運到前線，千里運糧，時有不濟，糧食供應困難，便急於求戰，而司馬懿拒不出戰，使諸葛亮無法進行決戰。蜀軍由於缺乏軍糧，被迫撤兵，司馬懿的持久戰的作戰方針，又取得了成功。

經過三年的充分準備後，諸葛亮於建興十二年（西元二三四年）又發動了第五次北伐戰爭。他親率大軍出斜谷口（今陝西眉縣南），進入郿城（今陝西眉縣北），在渭水南岸的五丈原（今陝西眉縣西南）駐紮下來，準備向魏軍發動進攻。魏明帝仍命司馬懿統領魏軍，也在渭水南岸構築營寨，與蜀軍對壘。魏軍將士有人向司馬懿建議，我軍應在渭水北岸紮營，隔河相對，以阻止蜀軍的前進。司馬懿不同意這樣做，他說：「渭水南岸人口眾多，糧食充足，是兵家必爭之地，不能讓給敵人。」

司馬懿深知蜀軍缺糧，不宜久戰，他仍然採用拖延的戰術，堅守不戰。而諸葛亮年已垂暮，希望在有生之年解決北伐問題。於是屢屢向魏挑戰，司馬懿就是不理，急得諸葛亮寢食不安。後來諸葛亮就在渭水前線屯田養兵，準備長期進行戰爭。雙方相持了幾個月，諸葛亮一直在尋找決戰的機會，但司馬懿據守要塞，始終不出戰。一天，諸葛亮派人送給司馬懿一隻大盒，打開一看，裡面有一套婦人衣服。左右都忍不住嚷起來，而司馬懿卻微微一笑，說：「孔明把我當成貪生怕死的婦人了。」他坦然接受了衣物，並厚待來使，又向來使詢問諸葛亮的飲食起居情況，使者說：「諸葛公早起晚睡，事無鉅細，都得親自操勞，每日飯量很少。」司馬懿斷定諸葛亮壽命不長了。便於當日對各營嚴加命令，「只准守，不准戰，違令者斬」。

司馬懿當時看得清清楚楚，蜀軍運糧困難，屯田糧又不足用，勢必退兵，所以他決定等到那時再抓住戰機，與蜀軍進行決戰。諸葛亮實在無法引誘司馬懿出兵，而糧食又日益缺乏，心中煩悶，不久，便病死於五丈原。蜀軍主帥死去，只好退兵。就這樣，司馬懿審時度勢，坐觀待變，以一「忍」字，不損一兵一卒，取得對蜀作戰的勝利。班師回京後，司馬懿升任太尉，取得了首屈一指的軍事地位。

景初元年（西元二三七年），遼東太守公孫淵起兵造反，對抗曹魏政權，自稱燕王。魏明帝命司馬懿帶兵四萬進軍遼東，臨行前，魏明帝問司馬懿：「公孫淵將會採取什麼謀略來對付我們呢？」司馬懿回答說：「公孫淵棄城逃走是上策；據守遼東抗拒我軍是中策；死守襄平（今遼寧省遼陽市）是下策，一定會被我們擒獲。」接著他又說：「我估計公孫淵考慮我軍長途跋涉，糧草困難，不會持久，必然將採取先據守遼水，然後死守襄平的策略。」

魏軍逼近遼水時，公孫淵果然派大將軍卑衍和楊祚領兵數萬，依據遼水的天塹，修建六、七十里長的營寨，企圖阻止魏軍前進。司馬懿衡量了敵我雙方的實力，並仔細觀察了地形，決定採取聲東擊西，誘敵出擊的戰略，打敗敵人。他命令將士們大張旗鼓，向敵軍的南翼進攻。卑衍和楊祚看到魏軍來勢兇猛，便命令精銳部隊迎擊。實際上司馬懿對南線的進攻，只是虛張聲勢，而主力卻北渡遼水，甩開卑衍的大軍，越過敵軍的營寨，直奔公孫淵的老家襄平。魏軍的這一行動，立即吸引了敵軍。卑衍命令回師救援，跟蹤追擊魏軍。司馬懿見敵軍已經移動，撤離了堅固的營寨，戰機成熟，便立即命令魏軍回師猛擊敵軍，連續發動了三次大規模的進攻。公孫淵潰不成軍，逃回了襄平，魏軍取得了全勝。

司馬懿率領魏軍長驅直入，把襄平圍了個水洩不通。這時襄平地區連日大雨，水深數尺，行動十分困難，有人提出要移營避水，司馬懿卻認為移營撤圍等於前功盡棄。他下令如有人再談移營便立斬不赦，有一個都督令史叫張靜的，違反了這條軍令，立即被斬首。全軍震駭，再也無人敢談移營的事，這樣便穩住了軍心。

公孫淵借發水的機會，派人出城放牧、打柴，以供軍需。魏軍將領主張乘機俘虜敵軍，斷絕敵人的供應，司馬懿不同意這樣做。有一位軍司馬叫陳珪，他對司馬懿的這種做法提出了疑問：「過去攻打孟達的上庸時，我軍八隊兵馬，晝夜進軍，僅用半個月的時間就攻下了堅城。可是，今天我軍遠道而來，反而不加緊攻打敵人，這是為什麼呢？」司馬懿回答說：「那時孟達軍隊人數少，但給養充足，可支持一年之久。當時我軍比孟達軍多四倍，但糧食卻吃不到一個月，以一個月和一年相比，怎能不採取速戰速決的作戰方針呢？以四擊一，正可以消滅敵人，因此不計死傷，都是因為糧食不夠的原因啊！今天敵眾我寡，敵飢我飽，又逢大雨，不必倉促出擊。我們擔心的不是敵人進攻我們，而是怕敵人逃跑。如果掠奪他們的牛馬，阻擊他們樵採，這就等於驅趕他們逃跑，用兵者要順應形勢採取對策。」將士們聽完後，無不佩服稱道。

不久，雨停了，水也退下了，魏軍完成了對襄平的包圍。司馬懿下令全面攻城，造土山，掘地道，使用樓車、鉤梯，運用各種方法攻打。公孫淵糧盡無援，派使者請求投降，要求魏軍先撤出包圍，然後他自縛謝罪。但司馬懿拒絕了這種投降條件，殺掉來使。公孫淵見形勢危急，率軍從南面突圍，被魏軍抓獲，隨即被斬。

景初二年（西元二三八年）冬，司馬懿踏上了凱旋之途。對蜀國、遼東這幾次重大戰役的勝利，使司馬懿在魏國朝野上下建立了極高的威望，其實力地位和影響力始終沒有被削弱過。

三、行韜晦三計，謀深遠大略

當司馬懿在遼東苦戰時，洛陽的政局正在發生變化。曹睿過度迷戀酒色，因而重病纏身，平時就命中書監劉放、中書令孫資掌管國家機要，處理日常事務。不久，曹睿病勢沉重，想任命燕王曹宇為大將軍。曹宇是曹操的庶子，與曹睿素來友善，所以曹睿想召他入朝，託付後事。這時劉放、孫資正想攬權，不願燕王入輔，所以設法從中阻撓，而燕王又為人忠厚，對曹睿的任命推辭不受。劉放、孫資便極力推舉曹爽為大將軍，輔佐朝政。據說明帝曾當面問曹爽：「你當大將軍行嗎？」曹爽支支吾吾回答不上來，急得出了一身冷汗。劉放在身邊踢了踢曹爽的腳跟，低聲告訴他，你就說臣以死奉社稷。曹爽照樣向明帝學說了一遍，由劉放把著明帝的手寫了任命曹爽和司馬懿的輔政詔書，曹爽就是這樣當上了託孤大臣的。

曹睿病勢危急，司馬懿聞訊後，日夜兼程趕回洛陽。曹睿尚存一息，望著司馬懿說：「我能見到你，就無所遺憾了。後事就託付給你，今後你與曹爽一同輔政吧。」說完，令太子齊王曹芳走上前來，八歲的曹芳抱著司馬懿的後頸，司馬懿淚流滿面，欷歔不已。第二天，曹睿便死去了。所以史稱司馬懿是「受遺二主，佐命三朝」的元勋。

太子曹芳即位後，曹爽被任命為大將軍，司馬懿仍官居太尉，兩人各領兵三千人，輪流進宮宿衛，權勢相當。曹爽年輕，對司馬懿以長輩相待，每事必問，不敢專行；司馬懿也假作謙虛，一度兩人關係融洽，相安無事。但時間一長，就產生了矛盾。曹爽極力培植私黨，排擠司馬懿。他手下有五個心腹，即何晏、鄧颺、丁謐、李勝和畢軌，這五個人在當時號稱名士，魏明帝認為他們浮誇無能，一律不用。但曹爽卻提拔何晏、鄧颺、丁謐為尚書，李勝任河南尹，畢軌當了司隸校尉。除這五人外，大司農桓範也是曹爽的親信。曹爽的私黨為他出謀劃策，極力削弱司馬懿的實權，任用私人，控制京城內外、朝野上下。有一次，何晏為曹爽出謀劃策說：「國家重權，不可委於外姓，要慎防大權旁落。」曹爽明白所指何意。第二天，他便奏明皇上說，司馬懿德高望重，理應位至極品，因而應進封為太傅（皇帝的老師，品位尊貴，但無實權）。這種架空式的做法，實際上暗奪了司馬懿的兵權。接著朝中人事又發生了大變動，曹爽的三個弟弟，曹羲為中領軍，曹訓為武衛將軍，曹彥為散騎常侍，他的心腹何晏、鄧颺、丁謐、畢軌、李勝等，都安排朝中要職，真是「附會者陞遷，違忤者罷退」。

司馬懿對曹爽的所作所為十分不滿，但一時又無力制服。他深知曹爽是宗室，而他是外姓，是曹氏朝廷的防範對象，所以他不便於明火執仗地進行爭奪，但他要曹爽充分表演，將倒行逆施發揮到極點，弄得天怒人怒，才出面收拾殘局。於是，司馬懿又拿出行之有效的舊法寶，忍字為先，以守為攻，不動聲色，靜觀形勢的變化。此後，很長一段時間，司馬懿都推說有病，不問政事。

時間長了，握權久了，大將軍曹爽的警惕也就逐漸放鬆了，自以為朝中無人敢管，愈加驕奢無度，他的飲食、衣飾都依照天子的規格，宮中的珍玩寶物也敢據為己有。正始二年（西元二四一年），曹爽與何晏等人正在狂歡作樂時，突然接到警報，東吳分兵兩路進攻邊境，一路由衛將軍全琮率領進攻淮南，另一路由威北將軍諸葛恪率領進攻六安（今安徽六安），請朝廷速派大軍救援。曹爽接到報告後，驚慌失措，不知如何是好。何晏出主意，讓他速召朝廷大臣商議。正在商議的時候，又來了急報，說東吳的另外兩支人馬又來攻打，一路由車騎將軍朱然率領攻打樊城（今湖北襄樊市樊城），另一路由大將軍諸葛瑾率領進攻相中（今湖北沮水上游），形勢危急。曹爽什麼主意也拿不出來，只好請求皇帝讓司馬懿來朝議事，但請太傅的人回來說，太傅在病中無法來議事。曹爽本人又無作戰本領，親信中又無能征慣戰的大將。時間不斷拖延下去，而前線的警報又頻頻傳來。正在這時，司馬懿到朝堂議事來了，說樊城和相中是邊防要地，問曹爽為何不派兵救援，曹爽無言以對。司馬懿決定親自帶兵出征，滿朝文武隆重送出洛陽的津陽門。

司馬懿到了樊城前線後，立即出兵向東吳挑戰，朱然聽說司馬懿親率大軍迎戰，不敢出戰。司馬懿抓緊短暫的休戰機會，挑選精銳，組織突擊隊，申明軍令，決心要打敗吳軍。朱然見勢不妙，連夜撤軍。司馬懿率軍追擊，殺傷敵人萬餘，繳獲大量戰船和軍用物資，大獲全勝。另幾路吳軍，也因戰事不得手，陸續退了回去。司馬懿僅一個月就勝利回朝了。從此，司馬懿的聲望日隆，而曹爽的名聲則大降。

曹爽急欲找個機會挽回威信。正始五年（西元二四四年），尚書鄧颺和長史李勝鼓動曹爽出兵伐蜀，曹爽也躍躍欲試，決定出兵。司馬懿極力勸阻曹爽不要出兵，但曹爽一意孤行。這年三月，曹爽徵調十萬人馬，又聯合征西將軍夏侯玄統率雍州和涼州的軍隊，從駱口（今陝西成固縣）浩浩蕩蕩殺向漢中。當時蜀軍駐守漢中的是鎮北大將軍王平，他決定堅守要隘，阻擊敵人，命令護軍劉敏率領一萬人馬據興勢山（今興道縣西北）依險堅守，王平則親率一支軍隊堅守黃金谷（在興道縣境內）。

曹爽率十萬大軍向興勢急進，但到興勢一看，蜀軍已全部占領關隘要道，旌旗遍野，連綿數百里。魏軍無法前進，只好停了下來，兩軍對峙了一個多月，曹軍糧食消耗殆盡。這時，又接到司馬懿給夏侯玄的信，勸他們趕快退兵，不然要遭到失敗。司馬懿在信中說：「昔日武皇帝（指曹操）率兵進攻漢中，幾乎大敗。這次興勢險要已被敵人占據，我軍已無法前進，如不趕快退兵，恐遭更大的失敗，責任重大，望速退兵。」曹爽接到信後正在猶豫不定，忽然又聽到蜀大將軍費禕率大軍從成都趕來增援的消息，急忙下令退兵。曹軍走到三嶺，遭到蜀軍的伏擊，曹爽好歹衝出重圍，十萬軍馬損失大半，狼狽逃回洛陽。

曹爽戰敗回來後，不僅沒有收斂，反而變本加厲，廣樹私黨，控制朝政，他與司馬懿的矛盾日趨尖銳。司馬懿告病在家後，曹爽更加肆無忌憚，為所欲為。曹爽經常帶領人馬出城遊獵，他的謀士桓範規勸說：「你總理萬機，率領禁軍，不應當全體出遊，如果有人關閉城門，就無法回來了」。曹爽卻不以為然，認為沒人敢那樣做。曹爽還勾結太監張當密謀推翻曹魏政權，覬覦皇帝的寶座。但他們對司馬懿還有所顧忌，不斷派人探查。

有一天，原河南尹李勝轉任荊州刺史，荊州是他的家鄉，上任之前來向司馬懿辭行。李勝是曹爽的心腹，便想藉機觀察動靜，司馬懿知道李勝的來意，便佯裝病重。當李勝進到屋內時，看見司馬懿擁著被縟躺坐在椅子上，旁邊有兩個婢女服侍。似乎想穿衣服，手抖抖地，衣服滑落到地上。指著口意思是渴了，婢女便端進粥來，一勺勺餵入口中，但稀粥卻從嘴角流出來，弄得胸前全濕了。李勝對司馬懿說：「聽說明公舊病復發，不想病情這樣嚴重。我蒙皇上恩典，被任命為本州刺史。」司馬懿裝出語言錯亂的模樣，打岔說：「我年老多病，死在旦夕。君去并州，并州靠近胡人，要做好準備，恐怕我們今後不能相見了，我兒師、昭請多加照顧。」李勝說：「我是回本州，不是并州。」司馬懿又說：「君不是到并州去嗎？」李勝又重複說：「我是回荊州。」司馬懿裝作恍然大悟的樣子說：「我年老糊塗，沒有聽懂您說的話，今調回荊州任職，正是建功立業的好機會！」李勝回去後，便把司馬懿的一言一行，一舉一動，都當作真事告訴了曹爽，並說：「司馬公僅僅是一具沒有斷氣的屍體，形神已經離散，我們對他不必有任何顧慮了。」曹爽聽後心中非常高興，從此不再防備司馬懿了。但司馬懿卻暗中抓緊時機，積蓄力量，他一方面讓已經當了中護軍的兒子司馬師掌握一部分禁軍，另一方面積極招募、蓄養心腹武士三千餘人，並爭取一些元老重臣的支持，如太尉蔣濟、司徒高柔、太僕王觀等人，只待時機一到，他就立即發動政變。

魏嘉平元年（西元二四九年）正月，喪失警惕、思想麻痺的曹爽和兄弟曹羲、曹訓、曹彥及心腹何晏、鄧颺、丁謐、畢軌、李勝等，帶領御林軍，陪同小皇帝曹芳拜謁高平陵，輕易離開了京城。司馬懿聞訊後大喜，立刻帶領兩個兒子司馬師、司馬昭和三千武士，假傳皇太后的旨意，關閉四面城門，占據武器庫，派兵占領南洛水上的浮橋，並且封鎖了曹爽等人回京的要道。同時派人占據中央各要害部門，命司徒高柔行大將軍事，占領曹爽的軍營，命王觀行中領軍事，控制軍權。然後迅速率眾進宮，緊急參見太后。郭太后哪裡見過這等場面，嚇得都說不出話來。司馬懿只是宣稱，曹爽奸邪亂國，應該免官。郭太后本來與曹爽有宿怨，現在又聽說僅僅是免官，於是表示同意。接著，由司馬懿領頭，蔣濟簽字，上書曹芳，歷數曹爽等人罪行，要求懲處他們。奏章中指責曹爽違背先帝遺命，敗壞國法，專權誤國，任用私黨，控制禁軍，驕縱日甚，「有無君之心」，最後要求罷免曹爽兄弟的職權，保留爵位，如若不然就軍法從事。這道奏章由專人送往高平陵，曹爽首先看到了奏章，兄弟四人慌了手腳，不知如何是好，就壓下奏章，然後把皇帝車駕留在伊水（洛陽城南，洛水支流），征發屯田兵幾千人築寨守衛。

司馬懿派侍中許允和尚書陳泰去見曹爽，傳達司馬懿和皇太后的命令，讓他們及早認罪，可從輕發落。司馬懿又派曹爽所信任的殿中校尉尹大目到伊水勸說曹爽投降，說司馬公指著洛水發誓，只要大將軍交出兵權，最多是免除官職，絕對不會治罪的。

這時曹爽的謀士桓範已經出城到伊水。在他逃出洛陽時，司馬懿擔心他會給曹爽出主意對己不利。於是便急忙召見太尉蔣濟說：「智囊走了，怎麼辦？」蔣濟說：「桓範是有智謀，但駑馬戀棧豆（曹爽貪戀家室），必不能信任他。」結果正是如此。桓範一見到曹爽兄弟就說：「趕快保護皇帝到許昌去，下詔徵集全國的勤王軍，以鎮壓司馬懿的叛亂。」曹爽卻淒淒惶惶地說：「如果照你所說的去做，我的家屬都在城中，一定會遭到屠殺的。」桓範見曹爽不能決斷，又轉而對曹羲說：

「事情已經很明白、很緊急了。匹夫匹婦大難臨頭，還想求生，而如今天子跟隨你們，號令天下誰敢不應？如果不這樣做，即使你們想當個貧賤的老百姓也做不到，到那時只有被殺頭！」曹爽兄弟都默然不語，桓範又接著說：「從這兒到許昌，只有一宿的路程，如果擔心糧草的供給，我隨身帶著大司農印章，可以隨地徵發。」話還沒說完，侍中許允、尚書陳泰趕到，傳達司馬懿的命令，請曹爽迅速回府，可保身家性命。

當晚，曹爽在帳中按劍徘徊，從初更一直拖到天亮，最後下了決心，把刀往地下一扔說：「免官就免官，革職就革職，反正我還能當個富家翁！」桓範一聽，失聲痛哭，說：「曹子丹（曹真字子丹）啊，你是個大英雄，怎麼會生出這樣的兒子，連豬狗都不如，我今天也受你們牽連，要遭滅門之禍了！」

天明，曹爽奏請少帝，自願免官，並將大將軍印綬交給許允、陳泰。當時主簿楊綜還對他說：「交了印綬，等於走向死地，今後要後悔莫及的。」沒想到曹爽卻充滿自信地說：「太傅（司馬懿）是老前輩，面慈心軟，我向來以父事之，他絕不會自食其言。」當日，曹爽一夥回到洛陽，向司馬懿請罪，後回各自府第。晚上，司馬懿便派兵將曹府團團圍住，並在四面角上分別築起簡易高樓，嚴密監視曹氏兄弟的一舉一動。不久，曹爽兄弟以及何晏、鄧颺、丁謐、畢軌、李勝、桓範等人，以大逆不道、企圖謀反的罪名，全部被處死，並株連及於三族。家產財物，盡抄入庫。

司馬懿在這場政治大鬥爭中，深謀遠慮，部署有方，取得了完全的勝利，掌握了朝廷的大權。

四、盡除朝野後患，創司馬氏天下

曹爽大案結束後，司馬懿威震朝野。二月，魏帝進封司馬懿為丞相。十二月，又加九錫之禮，享受朝令不拜的榮寵。這時，司馬懿已經七十一歲了，他自知來日不多，便下決心要在生前清除後患，給司馬氏子孫留下一筆政治遺產。當時朝中曹爽的餘黨已經被整肅，憂慮只是在邊塞。右將軍夏侯霸，以前為曹爽所器重，充任討蜀護軍，屯兵於隴西，統屬於征西將軍。征西將軍夏侯玄，是夏侯霸的堂侄，曹爽的外弟，兩人手中都握有兵權。司馬懿奪權之後，就命曹芳詔令兩人來朝，夏侯玄接詔進京後受到監視，後來被司馬師所殺。夏侯霸見狀心懷恐懼，接詔後認為大禍必至，趕緊逃奔蜀漢。這樣，司馬懿在邊塞的憂慮便解除了。

司馬懿在朝中專權的局面，引起了不少忠於曹氏的大臣的憂慮。太尉王凌與外甥兗州刺史令狐愚便謀劃政變，準備擁立楚王曹彪與司馬氏對抗。消息不慎被洩露出來了。嘉平三年（西元二五一年）四月，司馬懿親自率領大軍討伐王凌。出師時，為了穩住王凌，司馬懿先讓朝廷下詔，赦免王凌等人的叛逆罪，在進軍途中，司馬懿又親自修書一封，溫言軟語勸告，使王凌漸有悔意。當王凌正彷徨無計時，司馬懿大軍乘舟順流而下，九天就到達甘城，真是神兵自天而降。王凌自知不是對手，只好自縛雙手，乘單船迎接司馬懿，繳送印綬、節鉞。司馬懿坐在樓船上，遠遠望見王凌窘態，臉上沒有任何表情，只是命令主簿前去替王凌解開綁索。王凌以為自己已經被朝廷赦罪，司馬懿來信又很慈善友好，現在主簿鬆了他的綁，也就解除了疑慮。於是就叫軍士划動小船靠近司馬懿的樓船，以便向丞相面陳痛悔之意，沒想到司馬懿當即下令止住。王凌頓時感到茫然，於是遠遠望著司馬懿說：「丞相只要一紙相召，我就會去洛陽，怎能勞駕您親率大軍到此地呢？」司馬懿卻說：「你不是一封書信就能請得動的客呀！」王凌聽後內心冰涼，說：「你背信棄義，有負於我！」司馬懿也毫不客氣地說：「我寧願負你，也不願負國家。」

於是，司馬懿便派六百步兵，從陸路押送王凌去京師。臨行時，王凌還想試探是否有活命的希望，便向押送官索要棺材釘。當時有一習俗，給棺材釘，表示必死。司馬懿下令將棺材釘給他。王凌頗感求生無望，在路經賈逵時，他大呼：「賈逵，你有神靈，當知我是大魏忠臣。」不久，便尋了個機會服藥自盡了。

司馬懿率軍進入壽春城（今安徽壽縣），王凌部屬張式等人紛紛自首。對參與謀亂大逆的，司馬懿窮治其罪，凡是與王凌有牽連的，不論主從，一個也不赦免，一律滅三族，壽春城頓時血流成河。而且還命令發掘王凌、令狐愚、張式等人祖墳，暴屍於市三日。

就這樣，司馬懿用各種手段，將內外政敵剷殺得一乾二淨。

這年六月，司馬懿患重病，神志恍惚，經常夢見曹爽、王凌等人血淋淋地立在床前向他索命，叱之不去。八月，七十三歲的司馬懿病死於洛陽。追贈相國、郡公。

司馬懿死後，他的兒子司馬師、司馬昭繼續清除政治勢力，嘉平六年（西元二五四年），司馬師殺張皇后及其父光祿大夫張緝，隨即又廢魏帝曹芳，立高貴鄉公曹髦。甘露三年（西元二五七年）司馬昭又殺征東大將軍諸葛誕，兩年之後，又殺魏帝曹髦，立曹奐。經過十五、六年的殘酷鬥爭，一輪又一輪的屠殺，滿朝文武，內外公卿已經全部歸附了司馬氏集團，曹氏一族被澈底打垮了。

景元五年（西元二六四年），司馬昭稱晉王，立其子司馬炎為王太子。不久，司馬昭死，司馬炎繼任晉王，廢掉魏帝曹奐，正式當上了皇帝，稱晉武帝，建立了晉朝。司馬懿一生所追求的事業終於在他的手中完成了。

本文主要資料來源：《晉書》卷一，〈宣帝本紀〉；《魏志》卷九，〈曹爽傳〉。

三顧茅廬天下計　鞠躬盡瘁老臣心

諸葛亮傳

董文欣

丞相祠堂何處尋？錦官城外柏森森。
映階碧草自春色，隔葉黃鸝空好音。
三顧頻繁天下計，兩朝開濟老臣心。
出師未捷身先死，長使英雄淚滿襟。

這是唐代大詩人杜甫所作的千古絕唱〈蜀相〉。這裡的蜀相，便是我國歷史上婦孺皆知的著名謀略家諸葛亮。

一、南陽高臥

諸葛亮（西元一八一年～西元二三四年），字孔明，東漢靈帝光和四年生於琅邪陽都（今山東省沂南縣）。他是西漢隸校尉諸葛豐的後代。其父諸葛珪，字君貢，漢末任泰山郡丞，生有三子：諸葛瑾、諸葛亮、諸葛均，另外還有兩個女兒。諸葛亮八歲時父母便去世，他們兄弟姐妹五人一直由叔父諸葛玄撫養。

諸葛亮所生的年代，正是中國歷史上最混亂的時期之一。東漢末，宦官、外戚專權，黨禍頻繁，吏治腐敗。上層勾心鬥角，下層怨氣衝天。西元一八四年，即漢靈帝中平元年，黃巾起義爆發，東漢統治搖搖欲墜。這次起義經過九個月，後被鎮壓下去，但由此引發了各軍事集團割據的局面。漢靈帝死後，宦官、外戚兩大集團內訌，兩敗俱傷，董卓乘機奪取政權。他進軍洛陽後，廢除少帝，立獻帝。後將獻帝挾持到長安，都城洛陽被燒，成為一片廢墟。

在諸葛亮十歲那年，關東諸侯起兵討伐董卓。董卓死後，軍閥逐鹿中原。在兵荒馬亂的日子裡，諸葛亮一家隨叔父諸葛玄四處躲藏。諸葛玄先是投靠袁術，袁術任其為豫章太守。後來袁術病死，漢政府派人到豫章代替諸葛玄。諸葛玄平素同荊州牧劉表關係非常好，便帶領諸葛亮及其弟諸葛均投靠劉表，諸葛瑾則投奔了東吳孫權。諸葛玄到達荊州後兩年便病死，十七歲的諸葛亮帶領弟弟和姐姐，在襄陽城西二十里的隆中山蓋了幾間草屋，一邊耕田，一邊隱居讀書。

此時的諸葛亮，雖然身在壟畝，但並沒有放棄對時政的關注。他閱讀了大量先秦著作和兵書，以歷史對比當世，尋求天下統一、改造時弊的道路。隨著學識的積累，他的才華漸漸顯露出來。當地很多名流經常和他交遊，一起研討學問，談論古今。後來，兩位姐姐分別嫁給中廬縣的名門望族蒯祺和龐德公之子龐山民為妻，他也娶了沔南名士黃承彥之女為妻。黃氏雖然貌醜無比，但才識淵博，諸葛亮不因其貌醜而嫌棄她，敬重她非凡的才智，兩人一生互敬互愛，留下了一段千古佳話。由於和黃氏、龐氏、蒯氏這樣的名門結親，再加上又結識了潁州的司馬徽，汝南名師酆文和孟公威，潁川石廣元、徐庶，博陵崔州平等人，諸葛亮躋身於荊州社會的上流。此時，他已是一位身高八尺的偉男子，談吐灑脫，舉止風雅，才氣逼人，令人仰慕不已。當時的名士龐德公稱其為「臥龍」，與其侄龐統「鳳雛」齊名。

由於長期潛居荊州，再加上荊州在軍事上的特殊地位，諸葛亮的一套以「荊州」為中心的統一天下的戰略思想開始成熟起來。然而，要實現這一抱負，只寄託於案前的高談闊論並不能實現，還需要一位實權人物的重用。諸葛亮在隆中常常自比管仲、樂毅，他不僅把自己比作這些能定國安邦的將相，更希望尋到能使用這些將相的明君。然而，世人卻並不認為他有此才能，只有少數好友，如崔州平、徐庶才認為此話不虛。社會腐敗混亂，又不願明珠暗投，諸葛亮的內心常常升起一股悲憤的情緒。那簡陋的草房裡，不時傳出〈梁父吟〉的琴聲，如泣如訴，卻又透露出操琴者堅定的信念。

二、隆中對策

在那紛亂的年代，也有許多仁人志士在苦苦求索治世良策。在諸葛亮隱居的後期，國家整個政治、軍事局勢出現了新局面，一些大的軍閥勢力兼併了小的軍閥，逐漸形成了幾個政權的對立形勢。

其中曹操挾天子以令諸侯，先後打敗了袁紹和烏桓，雄據北方；孫權繼承父兄遺志，盤踞江東。另外，劉表占據荊州，劉璋掌握益州，但此兩人都為平庸之輩，猶如守戶之犬。他們相互爭戰不休，老百姓苦難深重。

就在這幾大割據政權中間，有一位小小的將軍四處漂泊，又四處碰壁。劉備，這位中山靖王劉勝的後代，奔波半生，先後投奔過公孫瓚、陶謙、曹操、袁紹，曹操在官渡之戰大敗袁紹後，他又投奔劉表。此時的劉備已經四十七歲了，大丈夫三十而立，但自己已年近半百，仍一事無成，無立錐之地。雖有鴻鵠之志，卻無青雲之勢。經過幾十年的求索，他深刻地體會到，缺乏有遠見卓識的謀臣，是他連連失敗的一個主要原因。他正急切地尋求一位能為他出謀劃策、定國安邦的人才。他到達荊州後，拜見了司馬徽，司馬徽向他推薦了諸葛亮，稱其為經綸濟世之才，得到他的輔助，可安天下。後來，徐庶投奔劉備，也向他推薦諸葛亮：「此人乃絕代奇才。」劉備請徐庶邀請諸葛亮同來見他，徐庶說：「這個人只可以到他那裡見他，不能隨隨便便地招來。將軍最好去拜訪他。」

於是，劉備三顧茅廬，才見到諸葛亮。一見到他，劉備便屏退隨從，向諸葛亮徵求定國之策：「漢朝的江山已經崩潰了，現在奸臣當道，民不聊生。我不自量力，想為天下人伸張正義，但我智謀短淺，一敗再敗。然而我的志向和決心沒有改變。先生您認為怎麼辦呢？」

諸葛亮為劉備的誠意所感動，他毫無保留地提出了自己對政局的見解，提出統一天下的兩個步驟：

首先，奪取荊、益二州，建立自己的根據地，和曹操、孫權形成三足鼎立之勢。

諸葛亮說：「曹操擁有百萬大軍，挾天子以令諸侯，無法與其爭強鬥勝。孫權占據江東，已歷三代，德才兼備的人被重用，吏治清明，人心歸順，只可以爭取他作後援，不可打他的主意。荊州北面依據漢水、沔水，南面沿海物產豐富，東面與江浙一帶相連，西面和四川相通，這是用兵的好地方。然而劉表無德無能，沒法守住，這是上天拿來資助將軍的。益州形勢險要，幅員遼闊，土地肥沃，人口眾多，物產豐饒，以往漢高祖劉邦憑藉它建立了帝業。但劉璋昏庸無能，不懂得體恤民情，再加上張魯在北面為患，既有內憂，亦有外患。有才有識的人都盼望有一個賢明的君主前來統治。這是一個能定國的好地方。」

隨後，諸葛亮向劉備展示出了統一天下的第二步：創造條件，等待有利時機，統一天下。

他進一步向劉備說：「您如果占據了荊州和益州，把守住險要關口，向西和各部落民族和好，南面安撫夷越各族，對外和孫權結成聯盟，將內地政事搞好，等到天下形勢發生變化，就派一員大將，率領荊州軍隊向宛、洛一帶進軍，您親自率領益州軍隊向秦川出兵。到那時，百姓們便會簞食壺漿來迎接將軍。如果真能如此，那麼您稱霸天下的大業就可以成功了，漢王室就可能復興了。」

一番精闢的分析，令戎馬半生卻始終理不清頭緒的劉備頓開茅塞。面對這位只有二十幾歲的年輕人，一股敬重之情油然而生。

這就是歷史上著名的「隆中對」。

劉備懇請諸葛亮出山，與他一起實現統一大業。通過一段時間的考察，諸葛亮也敬佩劉備的為人，又見他三顧茅廬，不恥下問，便欣然允諾。於是，二十七歲的諸葛亮結束了隱居生活，離開隆中，開始了他「鞠躬盡瘁，死而後已」的政治生涯。

劉備和諸葛亮回到軍營後，日夜暢談天下大事，劉備更發現諸葛亮是一位曠世奇才。加上兩人志同道合，互相敬重，情誼日深。後來劉備呼諸葛亮為「先生」，其手下大將關羽、張飛不服，劉備就對他們說：「我得到孔明，如魚得水，你們不要不服氣啊！」

諸葛亮在隆中對政局混亂的漢末形勢的分析，深刻而有條理。既高瞻遠矚，又切實可行。此後，劉備和諸葛亮將這次對策的內容作為行動的綱領。事實也證明，離開了這個總策略，在政治和軍事上便會碰壁，甚至失敗。

三、奪取荊益

當時，占據荊州的劉表有兩個兒子，長子劉琦性情忠厚慈孝，少子劉琮為劉表後妻蔡氏所生，深受劉表寵愛。而蔡氏為了鞏固自己的地位，常常勸說劉表疏遠劉琦，立劉琮為嗣。劉琦為此整日憂愁不安。後來，諸葛亮來到荊州，劉琦多次和他接觸，對他非常仰慕。他幾次向諸葛亮問詢解決自己在荊州地位的辦法，但諸葛亮卻屢次拒絕，不願為他出謀劃策。劉琦有一次邀請諸葛亮在後花園遊覽，共上高樓飲酒，然後暗中讓僕人將樓梯撤除。他誠懇地對諸葛亮說：「現在上不著天，下不著地，只有我們兩個人。你說的話，只有我聽得見，先生可以教我自救的辦法了吧？」諸葛亮只好淡淡地回答了一句：「公子難道沒有聽說過春秋時晉國的申生在內而被殺，重耳在外地脫險的故事嗎？」春秋時期，晉獻公寵愛酈姬，酈姬為讓自己的兒子奚齊當上太子，散布謠言，誣陷晉獻公的長子申生圖謀不軌，申生被迫自殺。重耳也是晉獻公的兒子，酈姬害死申生後，又加害其他公子，重耳被迫流亡在國外十九年，後來回國，即後來的晉文公，成為春秋五霸之一。劉琦聽了諸葛亮的話，頓開茅塞。這時恰逢江夏太守被孫權所殺，他奏請出任江夏太守。這樣，諸葛亮順水推舟，既幫助劉備分散了荊州的兵力，又籠絡了劉琦，為將來占領荊州打下了一個好的基礎。

劉備到達荊州後，劉表並不重用他，讓他屯兵新野。開始他只有一千兵馬，後來劉表又撥給他二千人馬，也只有三千人。諸葛亮便獻計給他，採用清查游戶的辦法，登記戶口，從閒散人員中選拔丁壯，擴大兵源。結果，短短數月，劉備的軍隊人數增加到數萬人，實力大增。這支軍隊後來成為劉備奪取荊、益二州的重要力量。

當時，劉表內部鬥爭激烈，正是劉備奪取荊州的好時機。誰料風雲突起，曹操於建安十三年（西元二〇八年）七月，率領大軍，號稱百萬，南下進攻荊州。劉表聞聽受驚而死，劉琮乘機自立為荊州牧。這時，曹操大軍前鋒到達新野，劉琮懦弱昏庸，開城門投降。他怕劉備知道後阻撓，一再隱瞞真相，直到曹軍至宛，才通知退守樊城的劉備。劉備倉皇之中南撤到襄陽。諸葛亮勸劉備乘機攻擊劉琮，奪取荊州，然後再議破曹大計。但劉備不忍心加害劉琮，他們只好向江陵方向撤退。由於很多百姓要隨劉備共生死，一同撤退，結果撤退速度緩慢。當軍隊、百姓到達當陽東北的長坂坡時，被曹操大軍趕上，一時間血流成河，生靈塗炭，劉備的軍隊被沖散。他只好改道漢津，與關羽的水師會合。劉琦聞聽荊州兵變，也帶一萬人馬來接應，共同退至夏口。

這時曹操已占領江陵，直逼劉備，形勢非常危急。諸葛亮向劉備提出求救於孫權。他聯繫東吳謀臣魯肅，到達柴桑（今江西九江西），見到孫權。

此時，孫權集團內部主和派和主戰派針鋒相對，鬥爭激烈。一時間孫權也猶豫不決，對曹劉之戰欲作壁上觀。如何改變孫權的態度，就成了這次柴桑之行的關鍵。

諸葛亮見到孫權後說：「天下大亂，將軍您起兵占據江東。劉豫州在江南聚兵，與曹操並爭天下。現在曹操平定了北方，於是破荊州，威震四海。劉將軍被迫逃到夏口。面對這種險峻的形勢，將軍請量力而行：如能以吳越之眾與曹兵抗衡，不如早早和他絕交；如果不能抵擋，為何不按兵束甲，投降曹操？現在將軍外表服從，而內懷猶豫，事急而不決斷。大禍已不遠了。」孫權聽後，很是不服，反問道：「如果像你所言，為何劉備不投降曹操呢？」諸葛亮面色鄭重地答道：「田橫是齊國的壯士，尚且堅守道義不甘受辱，何況劉豫州是王室的後代，英才蓋世，眾士仰慕，就如流水歸入大海；如果大事不成，這是上天的安排，怎麼能屈從於曹操呢？」

孫權被諸葛亮的一番話所激，神情也變得肅穆起來，他堅定地說：「我不能將吳國的廣闊土地，十萬將士，拱手讓於曹操，受制於人。我已經下了決心，堅決和曹操對抗到底。」但孫權心中尚有疑慮：「劉豫州剛剛敗在曹操手下，他有能力抵抗曹操嗎？」

諸葛亮見孫權抗曹之心已定，便將自己的抗曹計策和盤推出：「劉將軍雖然敗於長坂，但實力得到保存，現在歸還的將士和關羽的水軍合併有一萬人，劉琦在江夏的將士也不下萬人。曹操的軍隊長途奔波，必定疲勞，聽說為了追趕劉豫州，輕騎一天一夜行軍三百多里。這就好比強弩之末，力量連非常輕薄的魯縞也穿不破。兵法上最忌諱這樣做，認為即便是善於謀略的主師也會遭到挫敗。況且曹軍為北方人，不習水戰；荊州那些士兵投降曹操，是被形勢所迫，並非真心服於他。如果將軍能派幾名猛將，率精兵幾萬，與劉豫州同心協力，必能打敗曹操！曹操兵敗，必定撤回北方，孫劉兩家的勢力大增，三足鼎立的局面就形成了。成敗的機會，就在此時，請將軍三思。」

諸葛亮的透徹分析，使孫權眼前一亮，更加強了他破曹的信心和決心。隨即，他召開會議，駁斥了主降派的錯誤觀點，用劍劈桌案，發誓與曹操勢不兩立。隨即派周瑜、程普、魯肅這些主戰派率領三萬水軍，與諸葛亮一起西上，與劉備會合。經過周密的安排，聯軍在赤壁火燒曹軍戰船，獲得勝利。同時，劉備又採納諸葛亮的意見，趁周瑜等人向北追趕曹操軍隊之際，反其道向南推進，一舉攻占了武陵、長沙、桂陽、零陵四郡，一時間實力大增。孫權見劉備實力已非昔日可比，只好作出讓步，把荊州的南郡讓給劉備，並推薦劉備出任荊州牧。

赤壁之戰的勝利，在用兵上主要是吳國的功勞，但在出謀劃策上，諸葛亮率先提出了孫劉聯盟，以三國鼎立的美好預言，堅定了吳國的抗敵決心，從而打下了勝利的基礎。他的才華，在這次大戰中表現無遺，從而成為三國政治中舉足輕重的人物。此後，劉備進軍公安，拜諸葛亮為軍師中郎將，掌管軍政事務。諸葛亮幫劉備穩定社會秩序，發展生產，徵收賦稅，以充實軍政費用。

荊州已成囊中之物，諸葛亮在「隆中對」中提出的統一天下的第一步「奪取荊益」已完成了一半，下一步，便是如何謀取益州，進軍西川。但是，如何尋找突破口呢？

就在劉備占荊州後不久，益州的別駕張松來到了荊州。當時益州的政治形勢就如諸葛亮所料定的那樣，非常混亂。統治者劉焉、劉璋父子昏庸無能，內部矛盾重重。當時國內的仁人志士都希望有一位英明、能幹的領袖人物來重新整頓益州事務。在會見劉備和諸葛亮之前，張松曾拜見曹操，想和他共謀奪取益州的大計，但曹操對他傲慢無禮。張松認為劉備仁義之名遠播，便來到荊州。諸葛亮認為這是獲得益州人士好感的機會，便建議劉備對張松熱情招待。兩人對張松的一片赤誠之心，令張松非常感動。張松在離開荊州之前，獻出了自己繪製的益州地圖，上面益州的地理行程、遠近闊狹、山川險要，非常具體明了，為以後劉備進軍益州提供了詳細的第一手資料。

建安十六年（西元二一一年），曹操要派兵攻打漢中。劉璋聞知，非常恐懼。張松趁機進言，說劉備和他都是帝胄後裔，原是一家，不如趁機請劉備入川，共破曹操，併力消滅漢中的張魯。劉璋認為此計可行，使派法正到荊州來見劉備。

經過深思熟慮，劉備和諸葛亮答應了劉璋的請求。他們兵分兩路，諸葛亮和大將關羽、張飛、趙雲留守荊州，劉備和龐統、黃忠、魏延前往西川。劉備進入益州，劉璋發書給沿途州郡，要他們供給錢糧，使劉備一心一意去攻打張魯。因此，劉備不費吹灰之力便進駐益州腹地。劉備一行來到葭萌關，整頓軍紀，廣施恩惠，以收買民心。第二年，張松因與劉備共謀西川的書信被劉璋發現，被殺。劉璋隨即通報各處關隘，添兵把守，嚴禁荊州軍隊出入。劉備乘機襲擊涪水關，殺了守將楊懷、高沛。劉璋聞聽大怒，派大軍與劉備交戰。兩軍在雒城對壘時，龐統輕率出擊，被流箭射死。劉備缺乏謀士，只好向荊州告急。建安十九年（西元二一四年）夏，諸葛亮、張飛、趙雲率軍逆江而上，與劉備在成都會合。劉備圍成都數月，久攻不下。諸葛亮便建議劉備派一人進城勸降，劉備派從事中郎簡雍入城，告知劉璋並無相害之意。劉璋權衡利弊，和簡雍同車出城投降。這樣，劉備沒費多少周折，便將益州據為己有。此後，劉備感到諸葛亮謀略過人，任命他為軍師將軍、益州太守，管理左將軍事宜。

此後，劉備又從曹操手中奪取漢中、房陵、上庸三郡，令曹操不敢輕易進犯，從而穩固了北方的防線。這樣，從建安十四年起，到建安二十四年，僅僅十年的時間，劉備就在諸葛亮的輔助下，從開始無有立身之地，到擁有荊益這些軍事重地，從而鞏固了自己的實力，兵分三家而據一，完成了第一步戰略目標。

建安二十五年（西元二二〇年），曹操病死，其子曹丕廢掉獻帝，自立為皇帝，正式建立了魏國。第二年四月，諸葛亮勸劉備即位皇帝，以承繼大統，安定人心，走光武中興的道路，以統一中國。劉備便在成都即位，為漢皇帝（即漢昭烈帝），建元章武，以諸葛亮為丞相。蜀政權正式建立。

四、吳蜀會盟

自隆中對以來，諸葛亮一直非常重視孫劉聯盟。他既是這一聯盟的倡導者、建立者，又始終致力於維護這個基本策略。孫劉兩國政權為了共同抵抗曹操，在原則上始終保持比較親密的聯繫。但是，荊州的存在，又成為吳蜀兩國發生摩擦的焦點。

劉備占有益州後，荊州成了蜀國的門戶，北上可攻中原，沿江東下可以襲擊東吳。這一直是孫權的一塊心病。

起初，劉備沒有立身之地，孫權答應將荊州暫時借與劉備存身。建安十九年，劉備剛剛奪取益州，孫權便派人索取荊州，劉備以立足未穩婉言拒絕。孫權發兵攻占了荊州的長沙、零陵、桂陽三郡。後來，雙方簽訂了協約，以湘水為界，長沙、江夏、桂陽以東歸孫權，南郡、零陵、武陵以西歸劉備。雙方瓜分了荊州，吳蜀的矛盾暫時得到緩和。

諸葛亮在進軍益州的時候，命關羽留守荊州，並囑咐關羽，荊州的地理位置非常重要，既不能大意丟失，保持警惕，又要慎重處理吳蜀兩國的關係。但是關羽自恃勇武，藐視孫權，惡言拒絕其聯姻請求，激怒了孫權，惡化了兩國關係，使邊境矛盾四起，不時有小範圍的軍事對抗。建安二十三年（西元二一八年），劉備奪取漢中，關羽也盡領荊州兵士北伐曹操。孫權乘荊州空虛，派呂蒙偷襲荊州，關羽腹背受敵，兵敗被殺，荊州也落在孫權手中。劉備聞聽噩耗，不聽諸葛亮等大臣的勸阻，親率大軍攻吳，結果兵敗爭夷陵，全軍覆沒，退守白帝城，因憤恨交加，染上痢疾。章武三年（西元二二三年）二月，劉備病情惡化，他自知已不久於人世，便把諸葛亮召來，囑託後事。他對諸葛亮說：「你的才能十倍於曹丕，必定能安邦定國，完成統一的事業。嗣子劉禪軟弱無力，如果能輔佐成才，則輔佐，如其不能成器，你可以代替他。」諸葛亮聞言痛哭流涕：「臣一定竭盡所能，忠心不二，死而後已。」劉備又召劉禪進見，對他說：「你跟著丞相，要對待他如父親。」四月，劉備病死，終年六十三歲。五月，劉禪被立為皇帝，改元建興。諸葛亮肩負起了統一國家的重任，掌管國家的大小事務。

夷陵之戰後，吳蜀聯盟破裂。但是，由於雙方擁有一個共同的敵人——曹魏，所以又有重新聯合的可能。諸葛亮在劉禪即位以後，便準備和孫權重新締結盟約。正在這時，鄧芝拜見諸葛亮，向他進言：「現在皇上初即帝位，應該派遣大臣出使東吳，重修舊好。諸葛亮正在物色出使吳國的人選，他見鄧芝見識不凡，口才出眾，高興地說：「我很早就考慮這個問題了，但是一直找不到合適的人，沒想到今天終於找到了。」鄧芝問：「是哪一個？」諸葛亮答道：「就是你啊。」

此時的孫權已向曹魏稱臣，被封為「吳王」，但是經常遭到魏國的政治和軍事上的打擊，時有背叛之意。鄧芝到達吳國後，孫權怕得罪曹魏，沒有立即接見鄧芝。鄧芝於是上表孫權：「我這次來吳，不僅是為了蜀國的利益，還為吳國的將來著想。」孫權想聽聽他的見解，於是召見了他，說：「我也早想和蜀國結好，但你們新主剛即位，國力微弱，如果魏國發兵攻打，我怕你們抵抗不住，我自身也難保。」鄧芝針對這一情況，向孫權進言：「蜀國地勢險要，吳國有長江天塹，如果兩國的長處合在一起，結為盟好，進可以奪取天下，退可以三國鼎立。如果大王和魏國保持臣屬關係，曹丕必然要求你入朝，要太子去作人質。如果你不從命，魏就可以反叛的名義討伐你。到那時，蜀軍趁勢而下，江南這塊地方，大王恐怕就保不住了。」孫權沉思良久，認為吳蜀聯盟對兩國確有益處，且不甘心久居人下，終於決心和魏國斷絕關係，派張溫出使蜀國求和。這樣，兩國的關係得到了恢復。第二年，諸葛亮又派鄧芝出使吳國，進一步鞏固了吳蜀聯盟。

建興七年（西元二二九年），孫權在建康（今南京）稱帝，他派使臣到達成都，要求和劉禪互尊帝位。蜀漢眾多大臣認為這種舉動有失大統，要求予以反對。諸葛亮從大局出發，認為兩國擁有共同的敵人曹魏，鞏固孫劉聯盟的利益，要高於所謂的劉氏正統地位。便派陳震到東吳去祝賀孫權，雙方再訂盟約，表示「戮力一心，同討魏賊」。約定滅魏以後，瓜分其地。

吳、蜀聯盟的鞏固為諸葛亮的南征和北伐創造了有利條件，避免了腹背受敵的局面。

五、出征南中

南中，是蜀國南部地區的益州郡、永昌郡、牂柯郡、越巂郡四郡的總稱。那裡是少數民族聚集的地方，對蜀國的離心力很大。劉備統治晚期，吳、蜀聯盟破裂。孫權派人到南中策動暴亂。漢嘉太守黃元叛變，後被撲滅。劉禪即位後，新主登基不久，人心渙散，益州豪強和夷帥孟獲殺死益州太守，首先發動叛亂。牂牁太守朱褒也舉眾響應，除永昌郡外，其他三郡皆掀起叛亂。

諸葛亮因蜀漢新遭大喪，士氣低落，兼剛敗於吳國，兵力不足，只好對南中的少數民族實行安撫政策。一方面致力於休養生息，發展生產，來聚集實力，一方面又和東吳結好，切斷了他們對南中叛亂勢力的支持。經過數年的準備，諸葛亮於建興三年（西元二二五年）三月，親率大軍南征。出征前，參軍馬謖向他提出了「攻心為上，攻城為下；心戰為上，兵戰為下」的破敵方針，和諸葛亮的「南撫夷越」的少數民族政策不謀而合。諸葛亮採納了馬謖的意見，把用兵的重點放在「和」、「撫」上。

諸葛亮指揮軍隊，節節勝利，殺死雍闓、朱褒、高定等人。五月，大軍渡過瀘水。這時，孟獲收拾殘兵，重整旗鼓，成為叛軍首領。諸葛亮認為孟獲在當地漢族和少數民族中威信頗高，較有影響力，決定攻心為上，不欲加害，以爭取通過他來取信於百姓，下令對孟獲只許生擒，不許傷害。蜀軍捉住孟獲後，諸葛亮讓他觀看軍隊營陣。孟獲觀罷，不服氣地說：「我原本不知你的虛實，才被你打敗。現在看了你的營陣，不過如此。如果再交戰，我一定不會輸。」諸葛亮大笑，下令放了孟獲，共邀再戰。這樣七擒七縱，孟獲終於心服口服，由衷地說：「我們南人再不反叛了。」九月，叛亂的三郡全部被平定。諸葛亮對少數民族的友好態度，感動了孟獲，也因此爭取了南中廣大群眾。

平定南中後，諸葛亮將益州改為建寧郡，把南中郡分為六郡，增加了縣數，以分散權力，加強中央集權。同時，他任用少數民族地區的首領管轄領地，不再由中央委派官吏治理，以減少中央和地方的摩擦。同時，夷人自治，政府不用留兵、運糧，節省了開支，積蓄了力量。他又選拔提升了許多少數民族豪強，到朝廷任職，如將孟獲調到中央任御史中丞。他又對平叛中出現的忠勇之士加以獎勵，永昌人呂凱在叛亂中忠於政府，被命為雲南郡太守，建寧人李恢在南征中表現甚佳，被任為都督，兼任建寧太守。諸葛亮還將一些勢力大但心懷不滿的豪強和部曲遷到內地加以限制、管束，同時又從他們中間選拔精壯男子編成「飛軍」，用人不疑。後來這支軍隊成為諸葛亮北伐中的精銳部隊。

諸葛亮還派了很多技術人員幫助南中的少數民族發展生產，教他們改牧為農，興修水利，發展手工業、礦業，促進了民族融合，進一步穩定了南中地區的人心，開發了南中，增強了國力。這使得蜀漢政權有了一個鞏固的後方。

六、出師北伐

南中叛亂的平定，解除了蜀國的後顧之憂。諸葛亮的目標開始移向北方的曹魏政權，以完成統一大業。

建興五年春，諸葛亮認為時機已成熟，決定舉行北伐。他在向後主劉禪所奏〈出師表〉中寫道：「先帝瞭解我為人謹慎，所以臨死時把國家大事託付給我。我接受使命以來，日夜憂思，擔心先帝託付給我的大事沒有成效，以致損傷先帝知人之明，所以五月裡渡過瀘水，深入到草木不生的荒涼之地。現在南方叛亂已定，兵甲準備充足，應當犒賞三軍，北定中原，剷除奸賊，興復漢室，還都洛陽。」同時，針對劉禪寵信宦官黃皓，諸葛亮勸諫他要親賢遠佞，以防宦官專權：「皇宮內外，是一個整體，提升、處罰、表揚、批評，不應該有所不同。如果有作奸犯法的人，以及為國盡忠做好事的人，應該交給主管部門的官員論定對他們的處罰和獎勵，以顯示陛下公平而英明的法治，不應該有偏見和私心，使宮中、府中有不同的法規啊。」諸葛亮還進一步說：「親近賢臣，疏遠小人，這是西漢興隆的原因啊；親近小人，疏遠賢臣，這是東漢傾敗的原因啊。先帝在世的時候，每次跟我談論這件事，沒有不對桓帝、靈帝感到惋惜痛心的。」為了安定後方，他向劉禪推薦了郭攸之、費信、董允、向寵、蔣琬等一批文武大臣，以免出師有後顧之憂：「侍中郭攸之、費信，侍郎董允等，這些人都善良誠實，思想忠誠專一，所以先帝選拔出來留給陛下。我認為宮廷中的事情，無論大小，都應先問他們，然後再實行，一定能夠補救缺陷和疏忽之處，獲得更大的收益。將軍向寵，和善公正，通曉軍事，往日試用過他，先帝稱讚他能幹，所以大家推舉他做都督。我認為軍營中的事情，都先問他，一定能夠使軍隊內部協調一致，將士才能的大小和軍隊的強弱得到合理的調配使用。……侍中、尚書、長史、參軍，這些人都是堅貞誠實、能為節義而死的臣子，希望陛下親近他們，信任他們，那麼漢王室的興隆，就指日可待。」回首往事，諸葛亮不禁感慨萬千：「我本是一介平民，在南中種田為生，在動亂的年代只想苟且偷生，並不求在諸侯中顯達揚名。先帝不因為我身份低賤而輕視於我，降低身份，委屈自己，三次到茅屋之中來看望我，把當代的大事來和我商討。我因此被感動了，就答應先帝，願意為他奔走效勞。後來遭到失敗，我接受任務在戰敗之際，承受使命在危難的時刻，從那時以來已經二十一年了。……希望陛下把討伐奸賊、興復漢室的任務委託給我，如果沒有成效就給我定罪，以告先帝的在天之靈……我現在就要遠離陛下，面臨出師表不禁淚流滿面，不知道自己該說些什麼好。」

此後，自建興六年至建興十二年，前後七年，諸葛亮六出祁山，五次北伐。他在這些戰爭中表現的奇才大略和百折不撓的精神，歷來為後人稱道。

建興六年（西元二二八年）春，諸葛亮第一次北伐。大將魏延請求領兵五千從漢中出發，沿秦嶺往東，經子午谷，稱不出十天，可襲取長安，與諸葛亮於斜谷會師。諸葛亮認為蜀國的力量太弱，這個主張過於冒險，沒有採納。他採取聲東擊西的計策，揚言從斜谷道進攻眉縣，命令趙雲、鄧芝進駐箕谷為疑軍，自己則率領主力隊伍，出祁山，以取隴右。由於兩國很久沒有交戰，魏國事先毫無準備，等諸葛亮大軍到達祁山，才知中計。一時間軍心惶惶，南安、天水、安定三郡也叛降蜀國。諸葛亮又在翼城收降魏將姜維，魏國舉國震動。魏明帝曹睿被迫親自督軍，並派大將張郃率軍西進，抵抗蜀軍。

諸葛亮聞聽魏軍西進，派馬謖為先鋒守軍事重地街亭（今甘肅泰安縣東北）。誰料馬謖不聽諸葛亮事前要他依山傍水、堅守要道的囑託，自恃高明，大意輕敵，捨水上山，再加上內部不和，結果被張郃打敗，痛失街亭，打亂了整個軍事部署。魏軍又乘勢打敗趙雲。諸葛亮為了保全主力，只得收兵，撤回漢中。

這次街亭失守，使蜀國實力大減，在軍事上也失去了主動。諸葛亮認為自己用人不當，致使街亭失守。他依法將馬謖斬首，並上疏劉禪，要求自貶三級，以處罰自己的過失。劉禪無奈，只好將他降為右將軍。

此後，諸葛亮總結教訓，發表了〈勸將士勤攻己缺〉的談話，減兵省將，嚴明賞罰，改變策略，以圖再戰，並要將士們經常批評他的缺點。他又對立功的部下進行獎勵，撫卹陣亡將士，加緊訓練軍隊，準備再次北伐。

這年冬天，東吳和魏國發生戰爭，東吳大都督陸遜在石亭大敗魏軍，諸葛亮認為形勢對蜀國北伐非常有利，提出再次出師伐魏。但由於上次北伐不利，國內一些人對他的領兵才能產生懷疑和非議。為此，諸葛亮再次上表劉禪，分析了敵我雙方的形勢，列舉了應該及時北伐的六點理由，表示了自己北伐的決心和對蜀漢的忠貞之情。其中「鞠躬盡瘁，死而後已」的名句，可謂諸葛亮一生的概括。此篇被後人稱為〈後出師表〉。在表中，諸葛亮提出與敵人長久相持，對蜀國不利，不如及早攻打敵人。他趁魏軍大批東下對付吳軍，發動了第二次北伐，復出散關，圍陳倉。因軍糧不濟，圍困二十多天後，便自動撤退。魏將王雙率軍追趕，被斬於途中。

建興七年（西元二二九年），諸葛亮第三次出兵伐魏。這次北伐在局部取得了一些勝利，攻占了武都、陽平。回師漢中後，諸葛亮恢復了丞相職務。

第二年七月，魏軍分三路進攻漢中，諸葛亮出祁山，至城固、赤坂抵抗魏軍。魏軍因途中遇大雨，道路泥濘，行軍艱難，後自動撤退。

建興九年（西元二三一年），諸葛亮再出祁山，開始了第四次北伐。為了解決糧食運輸的問題，他發明了稱作「木牛」的獨輪車。並委派大臣李平督辦軍糧。北伐大軍包圍祁山，魏明帝派大將司馬懿率部抵禦。司馬懿派兵守上邽，然後自率大軍救祁山。諸葛亮親率大軍攻上邽，將魏軍打敗，並搶收麥子以補充軍糧。隨後假裝退兵引誘魏軍。司馬懿害怕中計，堅持尾隨，卻始終不敢進擊，後來由於將士們請戰心切，才只好與張郃分兩路出戰。諸葛亮派魏延等人迎戰，大敗魏軍。司馬懿逃回大營，雙方相持月餘。正當諸葛亮準備和魏軍主力決一雌雄時，卻傳來後主命令退兵的旨意。諸葛亮只好回撤後方，才知道李平督軍不濟，假傳後主旨意，使這次本來希望很大的北伐落空。

這次北伐後，諸葛亮鑑於幾次北伐的失誤之處，對國內事務進行了治理整頓。他在漢中實行屯田，以解決北伐中軍糧不足的困難，又設計了稱作「流馬」的四輪車，運輸糧草。據說他還改進了連弩，並推演兵法，自創一套行軍、宿營的「八陣圖」，進一步提高了蜀軍作戰的能力。同時，他又聯結東吳，約定兩面夾擊魏國。

經過三年的充分準備，諸葛亮於建興十二年（西元二三四年）二月，六出祁山，發動了第五次北伐。

大軍出斜谷，到達郿縣，在五丈原（今陝西眉縣西南）紮營。魏帥司馬懿率魏軍渡過湄水，與蜀軍相持。諸葛亮為了解決軍糧運輸不濟的老問題，便分兵屯田。士兵與當地百姓混居，卻秋毫無犯。此時，蜀軍上下一心，號令嚴明，士氣高漲。諸葛亮也決定在此一擊，統一中原。但司馬懿老謀深算，堅守陣地，拒不出兵。兩軍相持百餘日，諸葛亮一直沒有尋找到消滅魏軍主力的機會。為了激怒對方出兵，他派人送去一套婦女的服飾羞辱司馬懿。司馬懿依舊不出兵迎戰。而諸葛亮由於操勞過度，積勞成疾，八月，病逝於軍中，終年五十四歲。

諸葛亮死後，姜維、楊儀按他的遺囑，封鎖他的死訊，然後組織軍隊有序地撤退。等司馬懿知道諸葛亮的死訊後，馬上派大兵追趕。蜀軍早知他有此一著，突然倒轉旗幟，擂鼓吶喊，向魏軍殺來。司馬懿以為諸葛亮詐死，怕有伏兵，慌忙撤退。蜀軍從容撤出斜谷。當地百姓傳言「死諸葛嚇走生司馬」。司馬懿也自嘲地說：「我能猜測到活人的計謀，卻無法猜測到死人的想法啊！」當司馬懿得知諸葛亮確係仙逝，再追已來不及了。他帶兵到五丈原巡視蜀軍駐紮的營地，對諸葛亮的布陣紮營的能力佩服不已，讚歎道：「真是天下奇才啊！」

從政治、經濟、軍事各方面力量對比來看，魏國都要遠遠強於蜀國。諸葛亮的失敗並非偶然。但是，諸葛亮五伐中原，皆占盡主動，可見其運籌帷幄的才能確實高出世人一籌。

但是，由於諸葛亮在選拔後備人才上的失誤，其身後蜀國將帥缺乏，甚至出現「蜀中無大將，廖化打先鋒」的尷尬局面。再加上劉禪昏庸無能，不久魏軍進攻漢中，劉禪聽信寵臣譙周的主張，投降了魏國。對此，唐代大詩人溫庭筠在〈過五丈原〉一詩中吟道：

下國臥龍空寤主，中原得鹿不由人。
象床寶帳無言語，從此譙周是老臣。

景耀六年（西元二六三年）秋，魏國鎮西將軍鐘會征蜀，至漢川祭典諸葛亮的廟宇，並下令士兵不得在其墓地旁牧樵。諸葛亮為國盡忠盡職的高風亮節和傑出的治國之才，連當時的對手都非常仰慕。

隨著歷史的變遷，諸葛亮「鞠躬盡瘁，死而後已」的獻身精神，更受到後人的尊敬。再經過後人對他的事蹟的演化，尤其是羅貫中在《三國演義》中對他的神化，他漸漸成為國人心目中智慧的化身，甚至國際上也有很多人在研究他的用兵、立國之術。

本文主要資料來源：《三國志》卷三六，〈諸葛亮傳〉；卷三二，〈先主傳〉；卷三三，〈後主劉禪傳〉。

重戰略大局　不玩弄小智

魯肅傳

朱廷松

三國時期人才輩出，其中有一個遠見卓識的政治家和謀略家，他就是魯肅。在《三國演義》及其他一些戲劇舞台上，他被塑造成一位忠厚有餘的仁慈長者，似乎算不上什麼謀略家。其實，他的生活原型與藝術形象有很大的不同。就戰略眼光看，他幾乎可以與聲名赫赫的諸葛亮相媲美。他提出了天下三分的《榻上對策》，和諸葛亮的《隆中對策》有異曲同工之妙，且早提出七年。他盡力為孫權出謀劃策，思慮弘遠，重戰略全局，為人不玩弄小智，對於促成三國鼎立的局面起了關鍵的作用。

一、輕財好施，擇主而仕

魯肅（西元一七二年～西元二一七年），字子敬，臨淮東城（今安徽定遠縣）人，東漢靈帝時出生於一個富豪家中。由於父親早逝，他便由祖母撫養成人。未及成年便已長得身材健壯，體貌魁偉。他自幼聰穎，且心懷壯志，性好施與。他曾標價出賣土地，大散家財，扶危濟困，結交豪傑，因而深得人心，在家鄉頗有聲望。至東漢末年，魯肅召集一批年輕人，在一起習文練武，博得眾人的喜愛。東漢末已進入亂世，這實際上也是他的自保之術。

建安三年（西元一九八年），已在淮南壽春（今安徽壽縣）稱帝的袁術招募人才，想招魯肅為將。他看袁術不是成大事之人，便拒絕前往。他見孫策較有政治頭腦，和好友周瑜一起投靠了孫策。有一次，周瑜去拜訪魯肅，請他資助軍糧。魯肅很痛快地把僅有的兩倉大米撥一倉給周瑜。周瑜十分感動，於是兩人便成了志同道合的知己。

袁術得知魯肅仗義疏財的事以後，便讓他出任東城長。經過交談，魯肅認為袁術不成大器，便辭不受命。他帶領屬下三百餘人南下，去江東投奔周瑜，不料州兵追至。於是魯肅讓老弱先行，精壯在後，持盾引弓，嚴陣以待。魯肅對州兵說：「當今天下大亂，有功不賞，有罪不罰，為何苦苦相逼？」州兵見魯肅陣容嚴整，不一定能占到便宜，就停止了追擊。魯肅到達居巢不久，便和周瑜一起渡江投奔了孫策。魯肅將家屬安置在曲阿，正要與周瑜共同做一番事業時，不幸祖母在曲阿病故。魯肅只得料理完祖母喪事後前往。

二、榻上獻策，定鼎江東

建安五年，孫氏集團發生重大事變，年僅二十六歲的孫策在丹徒被刺身死，十八歲的孫權因此任事，孫氏政權面臨嚴重危機。正當天下紛爭之時，魯肅辦完祖母喪事回到曲阿，正徘徊於是否投奔年輕的孫權時，周瑜及時相勸，說孫權禮賢下士，招納四方豪傑，定成大業。於是魯肅欣然同意與周瑜一起去拜見孫權。

經周瑜對魯肅的一番誇獎，孫權很高興地接見了魯肅。當時孫權控制的地盤很小，僅會稽、丹陽數郡。此後他們在相互交談中，孫權發現魯肅才思敏捷，能言善辯，對他十分欣賞。當賓客散去後，孫權單獨留下魯肅密談。孫權在和魯肅合榻對飲中，對魯肅說：「如今漢室傾危，四方豪傑雲起，自己承繼父兄之基業，欲建齊桓、晉文之功，希望予以幫助。」魯肅見孫權態度誠懇，對自己十分器重，將自己思慮已久的策略獻了出來：「當今漢室已名存實亡，不可能再復興了；曹操挾天子以令諸侯，勢力較大，也不可能馬上把他除掉；將軍你現在怎麼能做齊桓公、晉文公呢？為今之計，將軍您只有鼎立江東，以觀天下形勢的變化。曹操雖然在官渡（今河南牟縣東北）打敗袁紹，要想統一北方，還有許多事等著他去做。將軍應趁他在北方軍務繁忙之機，沿江西上，剿除黃祖，進伐劉表，占領長江流域，然後稱帝建號，待時機成熟時北伐中原，以圖天下，方可成就帝王之業。」年僅二十八歲的魯肅能提出天下初露三分的「榻上對策」，使孫權茅塞頓開，對魯肅的高瞻遠矚、深謀遠慮欽佩不已，大加讚賞，只恨相見太晚。後來孫權把這次與魯肅縱論帝業的談話，作為他一生中最快樂的大事之一。可是，以張昭為首的東吳舊臣卻認為魯肅年輕粗疏，不可大用，對他百般詆毀。但孫權對魯肅十分倚重，對魯肅的母親給予了無微不至的關懷。

按照魯肅的「榻上對策」，孫權延攬俊秀，整頓內部，然後分兵遣將，先後粉碎了各地的叛亂，平定了江東的豪強武裝，鎮撫了越（秦漢時期的百越）的反抗。經過數年的努力，穩定了江東的統治，初步實現了魯肅提出了「鼎足江東」的目的。

三、聯劉抗曹，鼎足而立

建安十三年春，孫權在江東穩住大局之後，親率大軍西征黃祖。經過連續作戰，孫吳軍擊殺黃祖，奪取了江夏。在孫權未來得及征伐劉表、奪取荊州的時候，曹操已率三十萬大軍南下，要搶先奪荊州了。

八月，劉表得知曹操來伐，竟驚嚇而死。此時魯肅不失時機地提出了聯合劉備共抗曹操的戰略方針。他向孫權獻計說：「荊州外有長江、漢水環繞，內有山陵作為屏障，地勢險要，沃野千里，人民殷富，如果占有荊州，便可成為建立帝業的資本。但荊州內部矛盾重重，劉表一死，他的兩個兒子一向不和，軍中諸將分為兩派，各自擁護一方。劉備有一定的力量，與曹操勢不兩立，現寄居在荊州，又不被劉表集團所重用。假若劉備能和荊州方面同心協力，上下一致，就應該支持他，與他結為盟友；如果劉備不能和荊州同心協力，就應該相機行事，另想辦法。請將軍讓我出使荊州，以弔喪為名，慰勞軍中諸將，勸說劉備安撫劉表舊部，同心協力，共同對付曹操，劉備必然聽命。如不速往，恐怕會被曹操搶在前面。」對魯肅的一席談話，孫權極為讚賞，便採納了魯肅的建議，立即派魯肅前往荊州。

魯肅剛到夏口（今湖北武漢市），就聽說曹操已南下荊州。於是他日夜兼程，等趕到南郡（今湖北江陵）時，形勢發生了急劇變化：劉表的次子劉琮已投降了曹操，劉備也從樊城南逃，準備渡江了。在這千鈞一髮之際，魯肅不顧個人安危和旅途疲勞，毅然決定親赴前線，在當陽長坂（今屬湖北）與劉備相遇。此時劉備正處於敗軍之際，遇到魯肅之後，魯肅問劉備準備歸附何方，劉備說準備投蒼梧太守吳巨。魯肅便勸劉備說：「孫將軍聰明仁惠，敬賢禮士，江東英雄都歸附了他，並且兵多將廣，你不如與之結為盟好，聯合抗曹。吳巨遠不如孫權，他地處偏遠，目光短淺，怎麼能歸附他呢？」劉備正左右為難之際，聽了魯肅之言便欣然應允。魯肅在此第一次見到了諸葛亮，兩人一見如故，談得非常投機。隨後，魯肅、諸葛亮二人相互出使，從而建立了共同抗曹的孫劉聯盟。

孫劉聯盟剛一建立，事態陡然生變。曹操占領荊州後，準備親率八十萬大軍，欲在江東與孫權決一雌雄。對此，以張昭為首的江東群臣，認為曹操打著天子的旗號，兵強馬壯，又有荊州水兵相助，銳不可當，力主投降求和。年輕的孫權被一夥主降派弄得六神無主，不知所措。正是魯肅在這關係到孫權集團生死存亡的關鍵時刻，力排眾議，從孫權集團利害關係的角度出發，勸孫權早定抗曹大計。他對孫權說：「我看眾人的議論，都是為了保住自己的官位，不惜貽害將軍，不足以和他們商量大事。如今我投降曹操，曹操可以把我送還家鄉，還可以給我個官當。而你就不同了，你沒想過會有什麼結果嗎？」當時周瑜在鄱陽、柴桑行營，只有魯肅一人力主抗曹。魯肅的堅決態度極大地堅定了孫權的抗曹決心。於是孫劉聯合，在赤壁大戰中大敗曹軍，從而奠定了三國鼎足而立的格局。

從締結聯盟和戰略決策上來看，首要功臣應推魯肅。如果沒有孫劉聯盟，曹操就會將劉備和孫權各個擊破。赤壁大戰結束後，魯肅首先回到柴桑，孫權親率諸將列隊迎接。魯肅進入客廳，孫權對魯肅說：「子敬，我親率諸將持鞍下馬來歡迎你，你應感到光榮才是。」他本想魯肅會受寵若驚，不料魯肅回答道：「我不感到光榮，只有等到將軍統一天下，完成帝業之時，那時將軍用軟輪小車召見我，我也會感到光榮哩！」孫權聽後撫掌大笑，這才明白，魯肅是用激將法，要樹立統一全國的大志。在當時的江東諸臣中，能夠提出統一全國目標的只有魯肅一人。這充分表現了魯肅具有遠大的政治抱負。後來孫權在回憶和魯肅的交往中，把魯肅聯劉抗曹，取得赤壁之戰的勝利，作為他一生中第二件快事。

四、嘔心瀝血，維護聯盟大局

赤壁大戰之後，劉備的處境明顯好轉，占領了長江兩岸的大部分地區。但他仍不滿足，因東有孫權，北有曹操，自己的勢力範圍難以擴大，便在建安十四年冬，親赴鎮江，面見孫權，商借荊州南郡問題。孫權與眾人商討，周瑜和呂范等都反對把南郡借給劉備。周瑜還建議，趁機把劉備扣留起來，大築宮室，給其美女玩好，以消磨劉備的鬥志。在魯肅的勸說下，孫權不但沒有採納這個破壞孫劉聯盟的建議，還把自己的妹妹嫁給了劉備。魯肅從東吳的長遠利益出發，為進一步鞏固孫劉聯盟，以共同抗拒曹操，建議孫權把南郡借給劉備。如果孫、劉分裂，雖然劉備會首當其中被曹操消滅，但接下來就會吞併東吳。讓劉備在南郡等地立足，實際上是牽制曹操的重要力量。孫權權衡利弊得失後，同意了魯肅的意見，便將南郡借給劉備。曹操得知這個消息後，嚇出一身冷汗。這使他很長時間沒敢貿然對東吳用兵。

借荊州，是魯肅向孫權獻策改採取的一項極其重要的戰略措施。赤壁戰後，三足鼎立之勢已形成，但孫、劉兩家無論哪一方，實力都比曹操小得多，都不足以單獨對抗曹操。只有聯合起來，才能不被各個擊破，免於滅亡。但是，如果在荊州歸屬問題上解絕不好，就可能隨時導致孫劉聯盟的破裂。既要維護孫劉聯盟，又不違背既定的戰略決策而失去荊州，魯肅為了解決這一難題，才建議將南郡借給劉備，以共同抗拒曹操。如仍由東吳占據江北二郡，直接與曹操對峙，把劉備隔在江南，一旦南北戰爭再次爆發，那就只能是孫曹鷸蚌相爭了。現在把南郡借給劉備，既可以縮短東吳與曹操的戰線，又把劉備推到了前線，同時又進一步鞏固了孫劉共同抗曹的統一戰線。這正是魯肅從大局出發的策略運用。

建安十五年，周瑜向孫權建議，趁曹操赤壁大敗、兵退北方之機，讓他和奮威將軍孫瑜一起率兵攻打西川（即益州）的劉璋。孫權同意後，將這一消息告訴劉備。劉備想獨吞益州，於是詭稱：「宗室被攻，而我不能自救，還有何面目立於天下！」實際上就是反對孫權染指益州。當孫權派周瑜統兵西進時，劉備派關羽、張飛等將領加以阻攔。孫劉聯盟有遭到再次破裂的危險。但是周瑜卻箭傷復發，死在半道，事態才沒有擴大。周瑜臨死前向孫權上疏，說魯肅智勇兼備，應委以重任。他死之後，請求讓魯肅接替他的職務。孫權果然命魯肅為奮戰校尉，代替周瑜領兵。魯肅率周瑜留下的四千兵馬，屯駐陸口。他治軍有方，令行禁止，紀律嚴明，深受士兵愛戴，部隊很快就達一萬多人。於是，孫權又提升魯肅任武昌太守，為偏將軍。魯肅成為繼周瑜之後的最高軍事統帥。

當時魯肅的防區與關羽相鄰。他的任務主要是防備關羽進攻，這個任務直接關係到聯盟，既有軍事也有外交的性質。劉備在借荊州時曾經答應過，等他取得益州後再交還所借的荊州。這不過是口頭承諾，劉備根本不想兌現。從建安十六年到建安十九年間，關羽經常對魯肅不友好。而魯肅則始終以孫劉聯盟為重，竭力克制自己，沒有兵戎相見。對於關羽的每次挑釁，魯肅都婉言相勸，「以歡好撫之」，才避免了發生武裝衝突。魯肅在處理與關羽的關係方面，始終是比較明智的。

建安二十年，劉備取益州後，孫權令諸葛瑾去索回所借的荊州南郡。劉備一再推辭不還。孫權對此大發雷霆，立即令呂蒙率兵進攻長沙、零陵、桂陽三郡，使三郡很快投降了東吳。劉備得知三郡失守，親自從成都趕到公安，命關羽奪回三郡。孫權也進駐陸口，派魯肅屯兵益陽（今屬湖南），去抵擋關羽。當時關羽有三萬人馬，頗為強悍。他挑精兵五千，準備在上游乘夜渡水進攻。魯肅的部將甘寧當時只率三百人，他聽到關羽進攻的消息後，建議魯肅再給他增加五百人，並保證，只要關羽聽到他的咳嗽聲，便不敢涉水進攻。結果魯肅撥給他一千人。關羽果然未敢來偷襲。

當時雙方大有一觸即發之勢。為了不使勢態擴大，導致孫劉聯盟澈底破裂，魯肅做了最後努力，打算和關羽當面商談荊州問題。魯肅的部下擔心會發生意外，紛紛勸阻魯肅。魯肅對部下說：「今日之事，應當開導勸說。是劉備對不起我們，是非還沒弄清之前，量他關羽也不敢亂來。」於是魯肅邀請關羽相見，各自把部隊留在百步之外。隨後二人相見，發生了激烈的爭執。因為劉備是自食其言，所以關羽理虧。但關羽卻狡辯說：「赤壁之戰，劉將軍身在營陣，寢不安席，努力破曹，豈能徒勞，連一塊土地都沒有？如果不是劉將軍奮力破敵，你們怎敢來收取荊州！」魯肅義正詞嚴，責備劉備背信棄義。他質問關羽說：「事情不像你所說的那樣。當初劉豫州敗於當陽長坂時，沒有立足之地，那時你們對荊州連想也不敢想。孫將軍念你們連立錐之地也沒有，才將荊州借給你們。而劉豫州卻以怨報德，今天你們已取得益州，既無奉還荊州之意，連三郡也不讓，這是什麼道理？」關羽卻回答說：「烏林之役，劉將軍親臨前線，睡覺也不脫戰袍，戮力破魏，怎能徒勞無益而得不到一塊土地來報償呢？你這次來是想收回這塊土地吧？」魯肅立即反駁道：「你們背信棄義，必將帶來禍害。你身負重任，不能闡明道理，適當處理，用信義輔佐你主，而是恃武力來強行奪取，這樣做的結果，恐怕會被天下人所恥笑吧！」關羽理虧，無話可說。這時座位中一人突然嚷道：「誰能得民心，誰就可以擁有這塊土地，為什麼一定要歸你們所有！」魯肅聲色俱厲地斥責道：「你是什麼人！」關羽握著鋼刀站起來，說：「這是國家大事，你這個人知道什麼！」便使個眼色，讓他下去。魯肅在單刀會上，不辱使命，有理有據，駁得對方理屈詞窮。既使對方未敢以兵相加，又不使孫劉聯盟遭到破壞，充分體現了魯肅的大智大勇和外交才能。後來劉備聽說曹操要進攻漢中，怕危及益州安全，腹背受敵，便派人前來講和。雙方以湘水為界，平分荊州：長沙、桂陽、江夏以東歸孫權；零陵、武陵、南郡以西歸劉備。於是雙方矛盾得以緩和。魯肅爭得三郡後，還經常告誡呂蒙，不要進攻關羽，要與之和睦相處。然而在魯肅死後，孫權還是派呂蒙進攻關羽，奪得了全部荊州，致使聯盟破壞，從而使孫劉政權終於被曹魏陸續消滅。

建安二十二年（西元二一七年），魯肅病逝，時年四十六歲。孫權為了悼念這位對東吳的鞏固和發展做出了重大貢獻的重臣，十分隆重地為他舉哀，還親自將他的靈柩護送到葬地。諸葛亮聞訊後，素服三日，發去唁文，為之哀悼。魯肅雖然英年早逝，沒有充分施展他的才能，但他短短的一生卻影響了一個時代。首先，魯肅第一個向孫權明確提出了立足江東、建立帝王事業的戰略規劃。其次，他在赤壁之戰中起到了關鍵作用，挽救了東吳和劉備失敗的命運。再其次，他在維護和處理孫劉聯盟的關係上，表現了過人的遠見和膽略。以上這些都足以說明，魯肅是東吳少有的文武兼備的將領，也是三國時期卓有建樹的政治家、軍事家和謀略家。

本文主要資料來源：《三國志》卷五四，〈魯肅傳〉；卷四七，〈吳主（孫）權傳〉。

天下麒麟榜：那些年的那些謀士們2
（大秦．兩漢．三國篇）

作者　晁中辰

發行人　林敬彬
主編　楊安瑜
副主編　黃谷光
助理編輯　杜耘希
內頁編排　詹雅卉（帛格有限公司）
封面設計　陳膺正（膺正設計工作室）
編輯協力　陳于雯、曾國堯

出版　大旗出版社
發行　大都會文化事業有限公司
11051台北市信義區基隆路一段432號4樓之9
讀者服務專線：(02)27235216
讀者服務傳真：(02)27235220
電子郵件信箱：metro@ms21.hinet.net
網　址：www.metrobook.com.tw

郵政劃撥　14050529 大都會文化事業有限公司
出版日期　2016年11月初版一刷
定價　280元
ISBN　978-986-93450-7-1
書號　History-82

◎本書由遼寧人民出版社授權繁體字版之出版發行。
◎本書如有缺頁、破損、裝訂錯誤，請寄回本公司更換。

Cover Photography: iStock / 84867093

大旗出版 BANNER PUBLISHING
大都會文化

國家圖書館出版品預行編目（CIP）資料

天下麒麟榜：那些年的那些謀士們（大秦．兩漢．三國篇）／晁中辰主編. -- 初版. -- 臺北市：大旗出版，大都會文化，2016.11
240面；17×23公分
ISBN 978-986-93450-7-1（平裝）

1.傳記 2.中國

782.21　105019424

大都會文化　讀者服務卡

書名：**天下麒麟榜：那些年的那些謀士們2（大秦．兩漢．三國篇）**

謝謝您選擇了這本書！期待您的支持與建議，讓我們能有更多聯繫與互動的機會。

A. 您在何時購得本書：＿＿＿年＿＿＿月＿＿＿日

B. 您在何處購得本書：＿＿＿＿＿書店，位於＿＿＿＿＿(市、縣)

C. 您從哪裡得知本書的消息：

1.□書店　2.□報章雜誌　3.□電台活動　4.□網路資訊

5.□書籤宣傳品等　6.□親友介紹　7.□書評　8.□其他

D. 您購買本書的動機：（可複選）

1.□對主題或內容感興趣　2.□工作需要　3.□生活需要

4.□自我進修　5.□內容為流行熱門話題　6.□其他

E. 您最喜歡本書的：（可複選）

1.□內容題材　2.□字體大小　3.□翻譯文筆　4.□封面　5.□編排方式　6.□其他

F. 您認為本書的封面：1.□非常出色　2.□普通　3.□毫不起眼　4.□其他

G. 您認為本書的編排：1.□非常出色　2.□普通　3.□毫不起眼　4.□其他

H. 您通常以哪些方式購書：(可複選)

1.□逛書店　2.□書展　3.□劃撥郵購　4.□團體訂購　5.□網路購書　6.□其他

I. 您希望我們出版哪類書籍：（可複選）

1.□旅遊　2.□流行文化　3.□生活休閒　4.□美容保養　5.□散文小品

6.□科學新知　7.□藝術音樂　8.□致富理財　9.□工商企管　10.□科幻推理

11.□史地類　12.□勵志傳記　13.□電影小說　14.□語言學習（＿＿語）

15.□幽默諧趣　16.□其他

J. 您對本書(系)的建議：

＿＿＿＿＿＿＿＿＿＿＿＿＿＿＿＿＿＿＿＿

K. 您對本出版社的建議：

＿＿＿＿＿＿＿＿＿＿＿＿＿＿＿＿＿＿＿＿

讀者小檔案

姓名：＿＿＿＿＿＿ 性別：□男　□女　生日：＿＿年＿＿月＿＿日

年齡：□20歲以下 □21～30歲 □31～40歲 □41～50歲 □51歲以上

職業：1.□學生 2.□軍公教 3.□大眾傳播 4.□服務業 5.□金融業 6.□製造業

7.□資訊業 8.□自由業 9.□家管 10.□退休 11.□其他

學歷：□國小或以下 □國中 □高中／高職 □大學／大專 □研究所以上

通訊地址：＿＿＿＿＿＿＿＿＿＿＿＿＿＿＿＿＿＿

電話：（H）＿＿＿＿＿＿（O）＿＿＿＿＿＿ 傳真：＿＿＿＿＿＿

行動電話：＿＿＿＿＿＿ E-Mail：＿＿＿＿＿＿＿＿＿＿

◎謝謝您購買本書，歡迎您上大都會文化網站（www.metrobook.com.tw）登錄會員，或至Facebook（www.facebook.com/metrobook2）為我們按個讚，您將不定期收到最新的圖書訊息與電子報。

北區郵政管理局
登記證北台字第9125號
免貼郵票

大都會文化事業有限公司
讀者服務部　收
11051台北市基隆路一段432號4樓之9

寄回這張服務卡〔免貼郵票〕
您可以：
◎不定期收到最新出版訊息
◎參加各項回饋優惠活動

大旗出版
BANNER PUBLISHING

大旗出版
BANNER PUBLISHING